Joachim Müller (Hrsg.)

Die verschüttete Quelle

JOACHIM MÜLLER (HRSG.)

Die verschüttete Quelle

Neue Wege einer Hinführung zur Eucharistie

Beiträge von
Kurt Koch – Karl-Heinz Kritzer –
Joachim Müller – Adrian Schenker

Paulusverlag Freiburg Schweiz

Die Deutsche Bibliothek – CIP-Titelaufnahme

Die **verschüttete Quelle** : neue Wege einer Hinführung zur Eucharistie / Joachim Müller (Hrsg.). Beitr. von Kurt Koch … – Freiburg, Schweiz : Paulusverl., 1997
ISBN 3-7228-0422-1

verlags gruppe engagement

Umschlaggestaltung: Art & Deco, Zumholz FR
ISBN 3-7228-0422-1

Inhalt

JOACHIM MÜLLER

Einleitung

Das Abendmahl, das von Jesus Christus eingesetzte Gast- und Gemeinschaftsmahl, in dem Brot und Wein die zeichenhafte Erinnerung an das Kreuzesopfer Christi sind, ist konstitutives Sakrament für das gottesdienstliche und kirchliche Leben der christlichen Kirchen. Christen erinnern sich an den für die Menschen hingegebenen Leib Jesu Christi und sein vergossenes Blut; Brot und Wein werden kraft des Wortes Christi durch den Heiligen Geist zu Trägern seiner Gegenwart, heilswirkend für den, der dieses Brot, diesen Wein glaubend empfängt.

Doch gerade in diesem Sakrament, das Gemeinschaft stiften soll, erfährt man die tiefen Kluften zwischen den Kirchen; die zunehmende Eucharistieunfähigkeit in der postmodernen Gesellschaft und die Säkularisierung des «Brotes des Lebens» zum «Partybrot» der (Erst-) Kommunikanten und ihrer Eltern, oft ohne Bezug zu Kirche und Messe, werden zur Herausforderung in Katechese und Erwachsenenbildung. Das ungebrochene kirchliche Interesse, Eucharistie in die Mitte des christlichen Lebens zu stellen, führt Katechetinnen und Katecheten, aber auch ErwachsenenbildnerInnen und SeelsorgerInnen zunehmend in die Spannung zwischen Resignation und Suche nach neuen Wegen. Was sollen wir tun ...?

Die Beiträge dieses Buches – als Referate in der Seminarwoche der Schweizerischen Katechetenvereinigung gehalten – versuchen aus verschiedenen Perspektiven Wissen zu vertiefen und Impulse für das katechetische Arbeiten heute zu vermitteln.

Prof. Dr. Adrian Schenker macht den Einstieg mit einer bibeltheologischen Betrachtung zur Eucharistie unter Berücksichtigung der Symbole und Zeichen, die zum Abendmahl gehören.

Zur theologischen Besinnung auf die vielfältige Gegenwart Jesu Christi im eucharistischen Mysterium leitet der damalige Professor und heutige Bischof Dr. Kurt Koch an: Eucharistie als Quelle und Höhepunkt des kirchlichen Lebens, in dem sich das Geheimnis des Glaubens und der Kirche verdichtet, als Mahl, in dem der Herr personal gegenwärtig ist. Wie die Kirche, so ist auch die Liturgie der Eucharistie stets der Erneuerung bedürftig. Gleichzeitig muß auch die tägliche Lebenspraxis der Christen verbindliche Konsequenzen zeitigen: das Brot des Lebens zu teilen heißt, das Brot des Überlebens zu teilen.

Joachim Müller stellt die Frage nach der Sehnsucht der gemeinsamen Feier des Herrenmahls und verweist zunächst in seinem geschichtlichen Rückblick auf die Bemühungen und Fortschritte des ökumenischen Dialoges. Dieser hat zwar wichtige Schritte aufeinander zu ermöglicht, vermag aber die Leidensgeschichte vieler ChristInnen bis heute nicht beenden, die aus berechtigter Ungeduld die Eucharistie als Mahl der Versöhnung miteinander feiern wollen und dies nicht dürfen.

Prof. Karl-Heinz Kritzer rückt die zunehmende Eucharistieunfähigkeit in die Mitte der katechetischen Diskussion und verweist auf die schwierige Situation der KatechetInnen, wenn sie – zunehmend in der Spannung zwischen Resignation und Herausforderung – in der Vorbereitung auf die (Erst-) Kommunion und in der Elternbildung ihre Aufgabe wahrnehmen wollen.

Ein Seminar lebt nicht nur von Referaten allein. Der Praxisbezug, der katechetische und persönliche Austausch gehören dazu. Daher betrachten die Autoren dieses Buches ihre Beiträge als Anregungen zur aktuellen Diskussion und als Hilfen auf der Suche nach aktuellen Beiträgen für die katechetische Arbeit in Schule und Pfarrei.

ADRIAN SCHENKER

Gastmahl, Gedächtnis und Gegenwart Jesu Christi

Biblische Zugänge zur Eucharistie

1. Symbolische Welt

Das Abendmahl Jesu (Mt 26,20–29; Mk 14,17–25; Lk 22,14–23; 1 Kor 11,23–25; vgl. Joh 6,48–58; 13, 1–20) ist eine symbolische Handlung. Alles, was Jesus dabei tat, hatte eine zeichenhafte, symbolische Bedeutung. Die dabei gesprochenen Worte, die im Neuen Testament überliefert sind, begleiten und erklären die Handlungen. Die Worte allein würden nicht ausreichen. Sie sind in den Handlungen und Zeichen Jesu verwurzelt. Ohne sie würden die Worte in der Luft hängen.

Daher ist es notwendig, die Zeichen des Abendmahls und ihre Bedeutung zu verstehen, wenn wir die Eucharistie für uns erschließen wollen. Die Zeichenhandlungen Jesu beim Abendmahl waren ja seinen Jüngern verständlich. Sie sind für uns leicht zugänglich, wenn wir sie auch nur kurz bedenken.

2. Das Gastmahl

Das Abendmahl ist ein Gastmahl, zu dem Jesus als der Meister und Lehrer seine Jünger einlud. Was ein Gastmahl ist, ersehen wir am besten aus Gen 18, 1–15, wo Abrahams Gastmahl wundervoll geschildert wird. Die drei Gäste Abrahams (es ist Gott mit zwei Engeln als Begleitern) werden von Abraham eingeladen und mit ausgesuchter Höflichkeit und Ehrerbietung bewirtet (ihnen werden die Füße gewaschen zur Erfrischung; vgl. Joh 13); das Beste wird ihnen vorgesetzt, Abraham selbst bedient sie. Sie wurden spontan eingeladen, so daß ihnen das Bitten-Müssen erspart war.

Durch die Gastfreundschaft werden Fremde zu Gästen. Gäste sind keine Fremde mehr, da sie sich am Familientisch niederlassen und von den Speisen der Gastfamilie genießen dürfen, wie wenn sie Glieder dieser Familie wären. Gastfreundschaft hebt die Barrieren zwischen Fremden und Familienangehörigen auf.

Als Lohn für die empfangene Gastfreundschaft schenkt der als Gast aufgenommene und bewirtete Gott seinem Gastgeber Abraham einen Sohn, Isaak, aus dem das Volk Israel hervorgehen wird. Daraus lernen wir, daß das dem Fremden geschenkte Wohlwollen die eigene Familie aufbaut, während Gen 19 (die auf Abrahams Gastfreundschaft unmittelbar folgende Erzählung) zeigt, daß die Verachtung des Fremden zum Untergang der eigenen Gruppe und Gemeinschaft führt.

3. Das liturgische Mahl

Jesus lud beim Abendmahl seine Jünger zu einem Gastmahl ein, das eine Familiengemeinschaft zwischen ihm und ihnen schuf, wie Abrahams Gastfreundschaft, die er Gott und seinen beiden Begleitern erwies, eine Familiengemeinschaft zwischen ihnen stiftete. Dazu kommt bei Jesu Abendmahl eine weitere Dimension. Es ist ein liturgisches Gastmahl, das anläßlich eines hohen Festes im liturgischen Kalender («Kirchenjahr») gefeiert wird. Es ist nicht ganz sicher, ob es ein eigentliches Oster-Mahl (Pessach- oder Pascha-Mahl) oder ein feierliches Mahl in nächster Nähe des Osterfestes war (die synoptischen Evangelien und Johannes gehen in diesem Punkte auseinander). Jedenfalls war es ein liturgisches Mahl. Dies bedeutet, daß es nach bestimmten Vorschriften und Riten gehalten wurde, die dem Belieben des einzelnen entzogen und dem ganzen Volke, der gesamten jüdischen Religionsgemeinschaft vorgegeben waren. Damit war es ein Mahl, durch das sich Jesus und seine Jünger in die Glaubensgemeinschaft Israels einfügten. Das Mahl drückte ihren Glauben aus. Es war ein Bekenntnis zu ihrem jüdischen Glauben an Gott, denn sonst hätten sie dieses Mahl nicht an diesem Datum und nach den vorgeschriebenen Bräuchen gehalten. Es war ein Akt des Glaubens und ein Gebet. Es geschah aus dem Willen heraus, in Gemeinschaft mit allen anderen Gläubigen Gott zu verehren und anzurufen.

4. An Ostern, dem Tag der Befreiung

Das Osterfest erinnert an die Befreiung des Volkes Israel aus Ägypten. Israel ist ein freies Volk, weil es die Freiheit von Gott als Geschenk erhalten hat. Am Anfang seines geschichtlichen Weges steht diese Gabe, diese Mitgift, die Gott seinem Volk auf die Reise durch die Zeit mitgegeben hat: die Freiheit. Jedesmal, wenn im Frühling dieses Fest gefeiert wird, dankt das Volk für diese Gabe der Freiheit, bittet um deren Erneuerung in der Gegenwart und in der Zukunft.

Es ist ein Fest des Dankes und ein Ausdruck der Hoffnung. Dank für das Vergangene, nämlich die damalige Befreiung; Hoffnung auf die Zukunft, nämlich auf die Erneuerung dieses Geschenkes der Befreiung von allem Bösen, jedesmal wenn es wieder nötig sein wird.

5. Brot und Wein

Jesus sprach die Abendmahlsworte über Brot und Wein. Brot ist die tägliche Grundnahrung, die Hauptnahrung jenes Landes und jener Zeit. Es ist gewachsen und gereift, nachdem es in den bestellten Acker gesät worden ist. In ihm kommen drei Dimensionen zusammen: das Nahrungsbedürfnis, die Arbeit der Menschen und der Segen des natürlichen Wachstums. So verkörpert Brot das Lebens, das wir der Nahrung verdanken und das deshalb von der Nahrung abhängt, sowie die Arbeit und Investition an Wissen, Zeit und Kraft von Bauern, Müllern, Bäckern und anderen Arbeitsgängen und die Wachstumskraft von Erde und Klima, die uns geschenkt sind und auf die wir vital angewiesen sind.

Wein bedeutet ein kostbares, arbeitsintensives und teures, festliches Getränk. Es ist nicht alltäglich. Im Alltag genügt das Wasser. Es repräsentiert das Festliche, das wir Menschen auch brauchen, um ganz Menschen zu sein. Wenn wir nur das Notwendige haben, fehlt uns etwas. «Genug ist nicht genug!» (C. F. - Meyer). Es braucht hie und da etwas Überflüssiges, einen Luxus, den wir uns gönnen.

Dies stellt der Wein dar. Er ist auch eine milde Droge. Er hilft uns, das Griesgrämige der Alltagsmonotonie zu überwinden. Er hilft der Freude, in unseren Herzen aufzukommen. So ist Wein Symbol der Freude, die unserem Leben Glanz verleiht. In der Freude wird es strahlend; ohne sie bedeckt sich sein Himmel.

Brot und Wein bedeuten das, was wir zum Leben unbedingt brauchen, und zugleich den Überfluß, der zum Festlichen unentbehrlich ist; sie bedeuten das frohe Ergebnis menschlicher Arbeit und Mühen und sind selbst die Frucht der uns geschenkten Wachstumskraft, des Segens von Himmel und Erde.

6. Nehmen, Brechen, Geben, Essen, Trinken

In den Abendmahlsberichten unterstreichen die Evangelien die Gesten Jesu: Er nimmt, bricht das Brot, gibt es den Jüngern; diese sollen nehmen und alle davon essen. Ähnlich beim Kelch mit Wein. Die Betonung des Verteilens von Brot und Wein macht klar, daß Jesus gibt und verteilt, was die Jünger brauchen, ohne das sie nicht leben könnten und ohne das ihr Leben freudlos und traurig wäre.

7. Am Anfang und nach dem Essen

Das Brot bricht und verteilt Jesus zu Beginn des Abendmahls, den Weinbecher erhebt er nach Tisch, nachdem das Essen zu Ende gegangen ist. Das sind die beiden Momente für die Tischgebete: das Segensgebet am Anfang und das Dankgebet am Schluß. Die Abendmahlsworte treten somit an die Stelle der Tischgebete.

Funktion und Aufgabe der Tischgebete ist es, für die lebensnotwendige Speise zu danken. Diese ist nie nur Produkt menschlicher Arbeit. Sie ist stets auch ein Produkt des Segens, das heißt des Wachstums- und Reifungsprozesses, den wir Menschen nicht machen, sondern nur nutzen können. Nutzen heißt, Vorhandenes, Gegebenes entgegennehmen und für uns verwenden. Das ist Segen.

Die Gaben, die Jesus seinen Jüngern reicht, sind

somit Segen, lebensnotwendige Güter, die ihnen geschenkt werden, Segen, den sie empfangen.

8. «Für euch hingegeben, für euch vergossen»

Die Abendmahlsworte sind deutende, erklärende Worte. Sie begleiten die Zeichenhandlungen und machen deren Bedeutung und Tragweite klar. In Brot und Wein empfangen die Jünger den Tod, den Jesus für sie und für alle erleiden wird. Dieser Tod kommt zu ihnen als lebensnotwendige Speise (Brot) und frohmachendes Getränk (Wein). Sie nehmen ihn als Speise und Trank zu sich, die in sie hineingehen und ihnen Gesundheit und Lebenskraft bringen. Sie leben vom Tod Jesu, wie man von Speise und Trank lebt.

Wie kann Jesu Sterben mit Nahrung verglichen werden, ja Nahrung *sein?* Sein Sterben war das eines Märtyrers. Ein Märtyrer nimmt den Tod auf sich, um sich nicht von Gott scheiden zu lassen. Lieber sterben, als Gott aufzugeben! Lieber auf das Leben verzichten, als Gott zu verlieren, oder schlimmer noch: als Gott zu verraten. Eine solche Anhänglichkeit an Gott nimmt also sogar den Tod in Kauf, wenn es sein muß.

Eine solche Treue ist in den Augen Gottes eine große Kostbarkeit. «Kostbar ist in den Augen Gottes der Tod seiner Frommen» (Ps 116,15). Denn in ihrer Treue zu Gott ziehen sie ihn allem andern vor. Er gilt ihnen mehr als Besitz und Leben.

Wenn nun ein solcher Mensch Gott bittet, seine Hingabe zugunsten anderer Menschen anzunehmen, dann macht er aus seinem Martyrium eine Fürbitte und einen Liebesdienst. Er erleidet es nicht nur, um Gott die Treue zu halten, sondern auch in Liebe zu anderen Menschen. Die unbedingte Anhänglichkeit an Gott kommt mit der Sorge und Fürbitte für andere Personen zusammen. Was gibt es Wertvolleres in den Augen Gottes? Wird er ein solches fürbittendes Sterben nicht für sehr kostbar halten und die Fürsprache erhören? Das sagten das 4. Gottesknechtlied im Buch Jesaja (52,13–53,12) und die Theologie des Martyriums im 2. Makkabäerbuch (2 Makk 7,37–38).

Dies hat Jesus getan, als er sein Sterben auf sich nahm, um seinem Vater und seiner Sendung treu zu bleiben und um für alle zu sterben. Er wollte nämlich als Menschensohn nicht bedient werden, sondern dienen und sein Leben hingeben für die große Zahl der Menschen «als einen Lösepreis» (Mt 20,28 = Mk 10,45). Ein solches Sterben konnte seinem Vater nur wohlgefällig und teuer sein. So hat er auch die Fürsprache seines Sohnes «für alle Menschen» erhört.

9. Gedächtnis und Gegenwart

Nahrungsaufnahme ist mehr als ein Bewußtseinsvorgang und mehr als ein Gedächtnis oder eine Erinnerung. Denn die aufgenommene Speise geht in den essenden Menschen über und verwandelt sich in seine Substanz, aus der er dann lebt.

Das Zeichen der Eucharistie ist eine Speise und ein Trank, die wir in uns aufnehmen und uns anverwandeln, ob wir daran denken oder nicht. In der Speise der Eucharistie nehmen wir den Tod, den Jesus zu unseren Gunsten gelitten hat, in uns auf, damit wir aus ihm Leben haben. Wir nehmen diesen lebenspendenden, fürbittenden Tod tiefer in uns auf, als was uns davon bewußt wird. Wie es mit der körperlichen Nahrung geschieht, so auch mit der geistigen, unsichtbaren Speise des Abendmahls: wir empfangen mehr Lebenssubstanz, als wir selber wissen können.

Damit dies so ist, müssen wir die Speise selbst in uns aufnehmen. Es würde nicht genügen, nur an die Nahrung zu denken. So empfangen wir den auferstandenen Jesus Christus selbst unter dem Zeichen von Nahrung, Brot und Wein, damit er uns die lebendige Frucht seines Martyriums bringt.

So ist die Eucharistie zweierlei: sie ist ein Gedächtnis, und sie ist eine reale Speise. Ein Gedächtnis, weil sie uns an das Abendmahl Jesu mit seinen Jüngern und vor allem an sein fürbittendes Sterben für uns alle erinnert; eine reale Speise, weil der auferstandene, lebende Jesus Christus selbst in uns eingeht, um uns ihm anzuverwandeln, so daß wir Substanz von seiner Substanz werden.

Daher ist der Auferstandene in Brot und Wein der Eucharistie selbst zugegen, damit wir ihn nicht nur in der Erinnerung (im Gedächtnis) mit uns tragen, sondern ihn uns in unser geistiges Inneres, in unsere Seele aufnehmen, wo er uns stärkt und uns sein eigenes Leben bringt, aus dem wir dann leben dürfen.

Kurt Koch

Eucharistie als Quelle und Höhepunkt des kirchlichen Lebens

Theologische Besinnung auf die vielfältige Gegenwart Jesu Christi im eucharistischen Mysterium

I. Eucharistische Liturgiereform als Integral der konziliaren Kirchenreform

Die Liturgiekonstitution des Zweiten Vatikanischen Konzils bezeichnet die Liturgie der Kirche als Höhepunkt und Quelle des kirchlichen Lebens, genauerhin als «Höhepunkt, dem das Tun der Kirche zustrebt», und zugleich als «Quelle, aus der all ihre Kraft strömt»[1]. Dieser Doppelaspekt von *culmen et fons* gilt in besonderer Weise von der Eucharistie als dem sakramentalen Kerngeheimnis des christlichen Glaubens und kirchlichen Lebens. Von daher versteht sich die besondere Sorge des vergangenen Konzils im Blick auf das «heilige Geheimnis der Eucharistie».

Diese ist darauf gerichtet, «daß die Christen diesem Geheimnis des Glaubens nicht wie Außenstehende und stumme Zuschauer beiwohnen; sie sollen vielmehr durch die Riten und Gebete dieses Mysterium wohl verstehen lernen und so die heilige Handlung bewußt, fromm und tätig mitfeiern, sich durch das Wort Gottes formen lassen, am Tisch des Herrenleibes Stärkung finden»[2].

Diese sinnenfällige Rede von den zwei Tischen in der Eucharistie bringt die Intention der konziliaren Liturgiereform besonders deutlich zum Ausdruck. Demgemäß findet die Feier der Eucharistie ihre beiden Höhepunkte im Tisch des Wortes und im Tisch des Herrenmahles. Die Struktur der Eucharistiefeier läßt sich deshalb mit dem Liturgiewissenschaftler *Michael B. Merz* am adäquatesten mit der Form einer Ellipse versinnbildlichen, insofern eine Ellipse zwei gegenüberliegende und gleichwertige Brennpunkte aufweist. Den einen Brennpunkt bildet in der Eucharistiefeier die Verkündigung des Wortes Gottes in der breiten Entfaltung des Alten und Neuen Testamentes. Der andere Brennpunkt ist das eucharistische Hochgebet mit der gemeinsamen Mahlfeier. Dieser elliptische Rahmen bringt zum Ausdruck, daß es sich bei der Eucharistie um «eine integrale Feiergestalt handelt, in der eben die genannten beiden Kulminationspunkte einander zugeordnet sind und nicht voneinander getrennt werden können. Weder ist eine Meßfeier ohne die erfahrbare Präsenz des Wortes Gottes noch ohne das große Lobpreisgebet, das Eucharistische

Hochgebet, und die anschließende Mahlfeier denkbar.»[3]

Von dieser wiedergewonnenen klaren Struktur her kann es nicht erstaunen, daß die Liturgiekonstitution als Ziel der Reform der Gestalt der Eucharistie angibt: «Der Meß-Ordo soll so überarbeitet werden, daß der eigentliche Sinn der einzelnen Teile und ihr wechselseitiger Zusammenhang deutlicher hervortreten und die fromme und tätige Teilnahme der Gläubigen erleichtert werde.»[4] Als am 3. Dezember 1963 die Liturgiekonstitution «Sacrosanctum Concilium» als das erste große Dokument des Zweiten Vatikanischen Konzils verabschiedet wurde, war somit der endgültige Durchbruch der Liturgiereform gelungen[5], von der man mit dem katholischen Theologen *Otto H. Pesch* rückblickend unumwunden sagen kann, sie sei das «sichtbarste und dauerhafteste Reformwerk des Konzils» gewesen[6]. Hinter dieser Priorität verbirgt sich die berechtigte Überzeugung von Papst *Johannes XXIII.*, daß die Fragen der Liturgie und der Liturgiereform als jener Beratungskomplex gelten mußten, der die pastoralen wie theologischen Zielsetzungen des Zweiten Vatikanischen Konzils am deutlichsten zum Ausdruck zu bringen vermochte, und zwar sowohl fundamental als auch paradigmatisch. In der Tat waren fast alle folgenden Überlegungen, Debatten und Konstitutionen des Zweiten Vatikanischen Konzils von der Liturgiekonstitution in theologischer wie pastoraler Hinsicht maßgeblich mitgeprägt.

Diese Feststellung impliziert freilich auch das umgekehrte Urteil, daß es eine Überforderung bedeuten müßte, wollte man von der allerersten Konstitution des vergangenen Konzils erwarten, daß in ihr schon alles enthalten wäre, was erst in den folgenden Konstitutionen und Dekreten erkannt und ausformuliert worden ist. Dies aber bedeutet in hermeneutischer Hinsicht, daß man bei der Betrachtung und Würdigung der Liturgiekonstitution immer den Zusammenhang des ganzen Konzils vor Augen haben muß, vor allem die Kirchenkonstitution «Lumen Gentium» und die Pastoralkonstitution «Gaudium et Spes». Der eigentliche Ort der Liturgie und vor allem der Eucharistie im ganzen Leben der Kirche wird so beispielsweise erst in der Kirchenkonstitution genauer umschrieben. Denn indem hier die Liturgie der Eucharistie in engster Verbindung mit dem Kerygma als der Verkündigung des Wortes Gottes und mit der Diakonia als dem Glaubensdienst der Christen an der Welt betrachtet wird, erweist sie sich als *einen* der entscheidenden Grundvollzüge der Kirche. Und ihre Spezialität besteht vornehmlich darin, daß sie jenes Geschehen ist, «das die Kirche in ihrer sakramentalen, d. h. heilswirkenden Dimension konstituiert und zum Ausdruck bringt»[7].

Berücksichtigt man diesen Gesamtzusammenhang des Konzils, dann obwaltet zwischen dem Eucharistieverständnis und dem Kirchenverständnis ebenso wie zwischen Liturgiereform und Kirchenreform ein wechselseitiges Bedingungsverhältnis, das nicht genung betont werden kann. An diesen unlösbaren Zusammenhang hat Papst *Johannes Paul II.* anläßlich des 25. Jahrestages der Liturgiekonstitution des Zweiten Vatikanischen Konzils in seinem Apostolischen Schreiben «Vicesimus quintus annus» erinnert. Denn er betonte nicht nur, in der Konstitution über die heilige Liturgie könne man bereits «den Kern jener Lehre über die Kirche vorfinden, die später von der Konzilsversammlung vorgelegt wird», und sie nehme die Dogmatische Konstitution über die Kirche vorweg. Der Papst zog aus dieser Erkenntnis vielmehr auch die erfreuliche Konsequenz: «In Verbindung mit der biblischen Erneuerung, der ökumenischen Bewegung, mit dem missionarischen Eifer, mit der ekklesiologischen Forschung sollte die Liturgiereform zu einer umfassenden Erneuerung der ganzen Kirche beitragen. Daran habe ich in meinem Schreiben ‹Dominicae Cenae› erinnert: ‹Es besteht in der Tat eine sehr enge und organische Verbindung zwischen der Erneuerung der Liturgie und der Erneuerung des ganzen Lebens der Kirche›.»[8]

Diese «enge und organische Verbindung zwischen der Erneuerung der Liturgie und der Erneuerung des ganzen Lebens der Kirche» bedeutet genauerhin, daß die vom Zweiten Vatikanischen Konzil initiierte Liturgie- und vor allem Meßreform in einem unlösbaren Zusammenhang steht mit seiner ebenso favorisierten Kirchenreform und daß folglich eine «ecclesia semper reformanda» auch eine «liturgia semper reformanda» erfordert. Darauf legt der Münsteraner

Liturgiewissenschaftler *Klemens Richter* mit Recht den Finger: «Wenn die Liturgiereform nicht Teil einer Gesamtreform der Kirche ist – also der Verkündigung und der ihr zugrunde liegenden Theologie wie auch der kirchlichen Organisationsformen –, wird sie letztlich bloß Image-Kosmetik der Kirche bleiben.»[9] Um eine bloße «Image-Kosmetik der Kirche» kann es aber den heutigen Bemühungen, das Konzil zu verwirklichen und in seiner Nachfolge ein ursprungsgetreues wie zeitgemäßes Eucharistieverständnis zu entfalten, gerade nicht gehen. Es gilt vielmehr, die Erkenntnis der konziliaren Liturgiekonstitution zu beherzigen, daß die Liturgie und vor allem die Feier der Eucharistie das Spiegelbild des gesamten kirchlichen Lebens sind und daß keine andere Lebensäußerung der Kirche derart Ausdruck der kirchlichen Identität ist wie die Liturgie, «deren Wirksamkeit kein anderes Tun der Kirche an Rang und Maß erreicht»[10].

II. Dimensionen der eucharistischen Gegenwart Christi

Es hat folglich seinen ganz guten Grund, wenn die Liturgiekonstitution des Konzils die Liturgie und vor allem die Eucharistie als «culmen et fons vitae ecclesiasticae» bezeichnet. Quelle und Mündung allen kirchlichen Lebens, Existierens und Handelns kann die Feier der Eucharistie aber nur sein, weil sie in das innerste Herz der Kirche hineinführt, in die Feier der

Gegenwart Jesu Christi in seinem Leib, der die Kirche ist. Dieses Geheimnis der Gegenwart Christi in der Eucharistie ist freilich so dicht, daß es kaum je ausgelotet werden kann. Dennoch soll in einem zweiten Schritt versucht werden, im Anschluß an den katholischen Würzburger Neutestamentler *Hans-Josef Klauck* dieses Geheimnis in die vier entscheidenden Gestalten der Präsenz Jesu Christi in der Eucharistie auszufalten und mit vier Begriffen zusammenzufassen.[11] Diese mögen vielleicht beim ersten Lesen etwas kompliziert klingen; wenn man jedoch genau zuhört, dürften sie diesen Anschein verlieren. Dies gilt vor allem dann, wenn man sich an den eucharistietheologischen Leitlinien des Paulus orientiert.

1. Prinzipale Personalpräsenz Christi und Epiklese

Im Ersten Korintherbrief bezeichnet Paulus die Eucharistie als «kyriakon deipnon», als ein Mahl, das zum Herrn gehört und von ihm ausgeht (11,20). Dahinter steht die Überzeugung, daß die christliche Gemeinde bei ihrer liturgischen Feier ihren Herrn selbst als gegenwärtig erfährt, und zwar als den Auferweckten und deshalb in der Kraft und Gestalt seines Geistes Präsenten. Die Eucharistie ist deshalb erstens die Feier der prinzipalen Personalpräsenz Jesu Christi. Dies bedeutet, daß der erhöhte Kyrios selbst beim Mahl personal gegenwärtig ist, und zwar in der ganzen zum Gottesdienst versammelten Gemeinde.

In dieser wird er als der eigentliche Gastgeber empfangen und gelobt, genauerhin als der Tischherr, der die Seinen zum Mahle ruft.

Von dieser prinzipalen Personalpräsenz Jesu Christi her versteht es sich leicht, daß im Mittelpunkt der Eucharistie wie aller Liturgie die Epiklese steht, die Herabrufung des Heiligen Geistes, und zwar sowohl auf die Gemeinde als auch auf die Gaben. Denn die Epiklese macht sinnenfällig, daß die Eucharistie nicht in die Verfügung der Kirche oder gar des Klerus gestellt ist und daß es folglich nicht der Priester ist, der Christus gleichsam auf den Altar «zaubert», daß die Eucharistie vielmehr als ganze Epiklese ist, nämlich das demütige wie wirkmächtige Gebet um das Kommen des Heiligen Geistes. Die Epiklese erweist sich dabei als von so elementarer Bedeutung, daß Eucharistie und Epiklese geradezu miteinander identisch sind und zusammen die Grundgestalt des Herrenmahles ausmachen.[12] Und wenn die Eucharistie wie alle kirchliche Liturgie epikletischen Charakter hat, dann bedeutet dies genauerhin, daß Christus selbst das eigentliche Subjekt allen gottesdienstlichen Handelns ist.

Mit diesem liturgietheologischen Basalsatz läßt sich nicht nur die für ein glaubwürdiges Eucharistieverständnis wichtige Frage beantworten, wie und wo Christus in der Feier der Eucharistie gegenwärtig ist. Mit ihm läßt sich vielmehr auch jener Streit theologisch verantwortbar schlichten, der seit dem Zweiten Vatikanischen Konzil ausgebrochen ist und bei dem ein vorkonziliares und ein nachkonziliares Eucharistieverständnis einander gegenübergestellt werden. Diesbezüglich pflegt man zu betonen, vor dem Konzil sei allein der Priester Träger der Eucharistie gewesen, während nach dem Konzil die Gemeinde in den Ehrenrang des Subjektes der eucharistischen Feier erhoben worden sei. In der Tat belehrt die Liturgiegeschichte darüber, daß die ursprüngliche Mitträgerschaft der Eucharistie durch alle Gläubigen in der theologischen Reflexion und gottesdienstlichen Praxis immer mehr verlorengegangen ist und daß der altkirchliche Gemeindegottesdienst im Sinne einer die ganze Gemeinde angehenden Liturgie immer mehr den entstellten Charakter einer Privatmesse des Klerus annahm, und zwar bis dahin, daß selbst der «Gemeinde»-Gottesdienst zur Privatmesse eines einzelnen Zelebranten am Altar verkümmerte. Diese Entwicklung hatte zur verhängnisvollen Konsequenz, daß die Eucharistie zum ausschließlichen Werk des am Altar zelebrierenden Priesters wurde, bei der die ganze Gemeinde zur schweigenden Zuschauerin der priesterlichen Handlungen verurteilt war und der die Gemeinde, wie es verräterisch hieß, «beiwohnte». Weil die gemeinschaftliche Feier beinahe bedeutungslos wurde und sich alles um die individuelle Begnadung drehte, wurden aus den Teilnehmern «‹anwesend Abwesende›, die ihrer privaten Andacht nachgingen»[13].

Auf dem Hintergrund dieser liturgiehistorischen Entwicklungen, die man aufs Ganze gesehen als verhängnisvolle Fehlentwicklung beurteilen muß, kann man verstehen, warum *Emil J. Lengeling* die Verabschiedung der Liturgiekonstitution als erste Frucht des Zweiten Vatikanischen Konzils, in der an nicht weniger als an sechzehn Stellen von der vollen, bewußten und aktiven Teilnahme der Gläubigen an der Liturgie gesprochen wird[14], als «säkulares Ereignis» eingeschätzt hat, das das «Ende des Mittelalters» in der Liturgie eingeläutet hatte.[15] Nach Lengeling vollzog diese Konstitution nach der mehr als tausend Jahre währenden Sicht der Eucharistie als Werk des Priesters sogar eine kopernikanische Wende. Denn sie betonte, die liturgischen Handlungen seien «nicht privater Natur», sondern «Feiern der Kirche, die das ‹Sakrament der Einheit› ist»[16]. Dementsprechend wird die Eucharistie wie die Liturgie überhaupt als Feier der ganzen Kirche verstanden, wobei «Kirche» alle Gläubigen umfaßt, unbeschadet der Tatsache, daß unter ihnen einige als Diakone, Priester und Bischöfe ein besonderes kirchliches und liturgisches Amt ausüben.

Der Paderborner Liturgiewissenschaftler *Michael Kunzler* hat mit Recht darauf hingewiesen, daß im Unterschied zur tridentinischen Einheitsliturgie, bei der «die still vom Priester am Altar ohne Rücksicht auf die anwesende Gemeinde gefeierte Privatmesse» die Grundform darstellte, jetzt die «Feier der Messe mit Gemeinde» als «Grundform der erneuerten Eucharistiefeier» gilt[17]. Wenn somit das Vatikanische Konzil die Eucharistie im ursprünglichen und authentischen Sinn als «Werk des Volkes Gottes» wiederentdeckt hat, läßt sich dann aber einfach sagen, jetzt sei umgekehrt die Gemeinde das Subjekt der Liturgie geworden? Wäre dem so, wäre der Graben zwischen vorkonziliarem und nachkonziliarem Eucharistieverständnis perfekt, freilich auch petrefakt. Demgegenüber hat Kardinal *Joseph Ratzinger* aber mit Recht moniert, daß die polemische Alternative «Priester oder Gemeinde Träger der Liturgie» unsinnig ist, weil sie das Verständnis der Liturgie «verbaut, statt es zu fördern», und weil sie «jenen falschen Graben zwischen vorkonziliar und nachkonziliar» schafft, «der den großen Zusammenhang der lebendigen Geschichte des Glaubens zerreißt»[18]. Diesen großen Zusammenhang erblickt Kardinal Ratzinger aber im «Primat der Christologie»: «Liturgie ist Werk Gottes oder sie ist nicht; mit diesem Zuerst Gottes und seines Handelns, das uns in irdischen Zeichen sucht, ist die Universalität und die universale Öffentlichkeit aller Liturgie mitgegeben, die nicht von der Kategorie Gemeinde, sondern nur von den Kategorien Volk Gottes und Leib Christi aus erfaßt werden kann. Allein in diesem großen Gefüge ist dann das Zueinander von Priester und Gemeinde richtig zu verstehen.»[19]

Für das konziliare Liturgieverständnis ist es deshalb von entscheidender Bedeutung, daß der auferweckte und erhöhte Christus das eigentliche Subjekt der Eucharistie und der eigentliche Zelebrant ist; und eben dies wird sichtbar in der Epiklese. Dies bedeutet freilich auf der anderen Seite nicht, daß Christus das exklusive Subjekt der Eucharistie wäre. Gemäß der konziliaren Liturgiekonstitution bezieht der real und personal gegenwärtige Christus vielmehr inklusiv die Kirche in sein gottesdienstliches Handeln ein. Wie die Schlußdoxologie des Hochgebetes – «Durch ihn und mit ihm und in ihm» – zum Ausdruck bringt, ist die Kirche als ganze, als der mystische Leib Christi, der Träger und das Subjekt des Gottesdienstes. Da nämlich Christus sein Priesteramt im Handeln der Kirche wirksam fortdauern läßt, ist die Kirche genauerhin mit dem katholischen Liturgiewissenschaftler *Otto Nussbaum* als «das von Christus abhängige und ganz auf ihn hingeordnete sekundäre Subjekt der liturgischen Gedächtnisfeiern» zu bezeichnen[20]. Daß der kirchlich-liturgische Vollzug des Priesteramtes Christi Sendung des ganzen Gottesvolkes und daß dementsprechend die Kirche in ihrer Gesamtheit Träger des priesterlichen Tuns und Wirkens Jesu Christi ist, darin besteht auch die Kernaussage der Liturgiekonstitution, die in erfreulicher Weise vom «Katechismus der Katholischen Kirche» aufgegriffen wird: «In einer Liturgiefeier ist die ganze Gemeinde ‹Liturge›, ein jeder gemäß seiner Aufgabe. Das Priestertum der Getauften ist das Priestertum des ganzen Leibes Christi.»[21]

Der Katechismus fügt freilich hinzu: «Einzelne Gläubige empfangen das Sakrament der Weihe, um Christus als das Haupt des Leibes zu vergegenwärtigen.» Diese Hinzufügung geschieht dabei mit bestem Recht. Denn damit der ganzen Kirche als dem sekundären Subjekt der Liturgie deutlich vor Augen tritt, daß der Gottesdienst nicht einfach eine kirchliche

Veranstaltung ist und daß folglich nicht sie, sondern der auferweckte und erhöhte Christus das primäre Subjekt der eucharistischen Feier ist, ist sie auf den Priester als das tertiäre Subjekt der Liturgie angewiesen. Denn dieser ist nicht nur Repräsentant der Gemeinde, der er in ihrem Namen und Auftrag *vor*-steht, sondern er ist auch Repräsentant Christi, der als solcher der Gemeinde auch *gegenüber*-steht. Da in dieser Dimension der ordinierte Priester in der Liturgie allein sagen und tun kann, was er gerade nicht aus Eigenem tun und sagen kann, sondern weil er «in persona Christi», nämlich aus dem Sakrament heraus verbürgt, redet und handelt, gehört auch und gerade der Priester mit zu den Hauptzeichen des christlichen Gottesdienstes. Auf die unverwelkte Aktualität dieses traditionellen Verständnisses hat die junge katholische Theologin *Eva-Maria Faber* mit Recht hingewiesen: «Das Amtliche gewährleistet gerade in seiner nahezu unerbittlichen Objektivität die Handlungsmöglichkeit Gottes in seiner Kirche jenseits subjektiver menschlicher Qualitäten.»[22] Die Bindung der wesentlichen kirchlichen Vollzüge an das Amt bringt insofern sichtbar zum Ausdruck, daß nicht die Kirche aus sich, freilich auch nicht einzelne Glieder der Kirche, Subjekt des kirchlichen und folglich des eucharistischen Lebens sind, daß vielmehr Christus selbst der Begegnende und Handelnde in der Kirche und in ihrer Eucharistiefeier ist.

Damit schließt sich der Kreis, insofern der Priester als das tertiäre Subjekt wiederum auf Christus als das primäre Subjekt der Liturgie zurückverweist. Denn nun ist vollends deutlich, daß Christus in der ganzen Eucharistie feiernden Gemeinde und in dem dieser Feier vorstehenden Priester gegenwärtig ist. Zugleich wird einsehbar, daß sich diese prinzipale Personalpräsenz Christi in der Eucharistie, die ihren sichtbaren Ausdruck in der Epiklese findet, als der tragende Grund aller anderen Gestalten der Gegenwart Jesu Christi in der Eucharistie erweist.

2. *Kommemorative Aktualpräsenz der Erlösung Christi und Anamnese*

Der auferweckte und in der Kraft und Gestalt des Geistes personal gegenwärtige Christus wird von der Gemeinde in der Eucharistie daran erkannt, daß er die Male des Gekreuzigten an sich trägt. Beim Herrenmahl und durch das Herrenmahl geschieht deshalb die wirksame Ansage des Todes Jesu Christi, wie Paulus ausdrücklich betont: «Denn sooft ihr von diesem Brot eßt und aus dem Kelch trinkt, verkündet ihr den Tod des Herrn» (1 Kor 11,26). Diese Perspektive, die in der Gemeinde von Korinth offensichtlich zu verdunsten drohte, wird von Paulus sogar in den Mittelpunkt seiner eucharistietheologischen Erwägungen gerückt. In diesem Sinne ist die Eucharistie zweitens die kommemorative Aktualpräsenz des durch Jesus Christus in seinem Sterben «für euch» vollzogenen Erlösungsgeschehens. Dies bedeutet, daß im erinnernden-kommemorativen Rückblick auf Jesu Sterben am Kreuz in der Eucharistie nicht nur die Person Christi, sondern sein Erlösungsgeschehen selbst hier und jetzt aktuell-gegenwärtig wird.

Die Eucharistie ist deshalb die sakramentale Vergegenwärtigung des einen und einmaligen Kreuzesopfers Christi und die Zuwendung seiner «Heilsfrucht» an die Gemeinschaft der zum Gottesdienst Versammelten[23], was liturgisch in besonderer Weise verdeutlicht wird in der eucharistischen Anamnese. Dabei gilt es freilich zu berücksichtigen, daß dieser erinnernde Rückblick auf das Sterben Jesu nicht im Sinne des modernen Verständnisses von «Erinnern» gedacht werden kann, weil dieses allein in die Vergangenheit blickt und kaum mehr einen Bezug zur Gegenwart aufweist. Demgegenüber meint das biblische «Gedenken» («zikkarion», «anamnesis») gerade das In-der-Gegenwart-Wirksam-Werden des Vergangenen selbst. In diesem Sinne ist die Eucharistie das vergegenwärtigende Wort- und Tatgedächtnis von Tod und Auferstehung Jesu Christi, wie es in der Anamnese der Gemeinde in Erinnerung gerufen wird.

Von der eucharistischen Christus-Anamnese her eröffnet sich auch ein neuer Zugang zur dornenvollen, von der Geschichte her belasteten und auch heute heftig umstrittenen Frage, ob und inwiefern die Eucharistie ein Opfer ist. Diese Frage, was das christliche Abendmahl mit einem Opfer zu tun habe, stand im Mittelpunkt des traditionellen theologischen Nachdenkens über die Eucharistie. Die katholische Theologie hat jedenfalls die Eucharistie immer auch als Opfer verstanden.[24] Vor allem nach dem Konzil von Trient wurde im Blick auf die Eucharistie streng unterschieden zwischen dem Sakrament einerseits und der Eucharistie als Opfer andererseits, indem betont wurde, die Eucharistie sei Sakrament und Opfer, «sacramentum *et* sacrificium». Da damit aber Sakrament und Opfer der Eucharistie voneinander losgelöst wurden, ergaben sich verhängnisvolle Konsequenzen, auf die der Rottenburger Bischof *Walter Kasper* mit Recht hingewiesen hat: «Weil man die Eucharistie nicht mehr als sakramentales Realsymbol der *passio Christi* verstehen konnte, mußte nunmehr der Opfercharakter der Eucharistie und dessen Verhältnis zum Kreuzesopfer zum schier unlösbaren Problem werden»[25].

Die Unterscheidung zwischen dem Sakrament einerseits und der Eucharistie als Opfer andererseits und dieses problematische «et» mußten vor allem und unweigerlich den Eindruck provozieren, der sakramentale Akt der Vergegenwärtigung des Kreuzesopfers Jesu Christi in der eucharistischen Opfergabe sei vom liturgischen Vollzug der Darbringung dieser Gabe separiert. Dieses Mißverständnis ließ den Vollzug der Eucharistie kaum mehr als sakramentale Vergegenwärtigung des einen und einmaligen Kreuzesopfers Jesu Christi verstehen. Vielmehr wurden die sakramentale Vergegenwärtigung des Kreuzesopfers und der kirchlich-eucharistische Opfervollzug unterschieden. Daher drängte sich die fatale Konsequenz auf, das Meßopfer sei zu verstehen als reale, allerdings unblutige Wiederholung oder gar als Ergänzung des einen und einmaligen Kreuzesopfers Jesu Christi, wobei nicht mehr Christus, sondern die Kirche das Subjekt der Opferdarbringung ist.

Gegen dieses fatale Mißverständnis hat sich der Protest der Reformatoren – mit Recht – erhoben, bis dahin, daß der Heidelberger Katechismus das katholische Verständnis der Messe dahingehend karikierte: «Die Messe aber lehrt, daß die Lebendigen und die Toten nicht durch das Leiden Christi Vergebung der Sünden haben, es sei denn, daß Christus noch täglich von den Meßpriestern geopfert werde.» Wegen dieser Vorstellung einer unblutigen Wiederholung des Kreuzesopfers Christi aber sei die Messe eine «vermaledeite Abgötterei»[26]. Dieser reformatorische Protest blieb freilich seinerseits und tragischerweise derselben Alternative zwischen Sakrament und Opfer der Eucharistie verhaftet. Und umgekehrt führte er zu einer starken (Über-)Betonung des Mahlcharakters des Abendmahles, weshalb im Blick auf die Eucharistie von einem Opfer bloß noch im Sinne eines Lob- und Dankopfers der christlichen Gemeinde die Rede sein konnte.[27] Auch heute noch dürfte kaum eine Glaubensaussage selbst Katholiken so große Mühe bereiten wie die Rede von der Eucharistie als Opfer. Dies ist bereits daran abzulesen, daß nicht wenige Katholiken und selbst Theologen dieses Wort aus ihrem Sprachschatz gestrichen und sich weitgehend der protestantischen Ablehnung der Opferterminologie und der Bevorzugung der Rede von der Eucharistie als Mahl angepaßt haben.

Im Gegenzug zu solchen voreiligen und ungerechtfertigten Bestrebungen muß es zu denken geben, daß ein gewiß unverdächtiger Zeuge wie der evangelische praktische Theologe *Manfred Josuttis* nicht nur die unbequeme Frage aufgeworfen hat, «ob sich in der reformatorischen Kritik an der Meßopfer-Theologie auch jene neuzeitliche Aggressionszensur artikuliert, die von der Verhöflichung der Sprache über die Kultivierung der Tischsitten bis zur Zentralisierung des Gewaltmonopols reicht»[28]. Er hat vielmehr auch diesen entscheidenden Wegweiser für das Verständnis der Eucharistie gegeben: «Wer das Abendmahl verstehen will, muß dessen Opferimplikationen angemessen bestimmen. Und von jeder ernsthaften Religionstheorie ist gefordert, daß sie die Logik dieser unheimlichen Handlungssequenz mit einleuchtenden Gründen auf jeden Fall freizulegen, eventuell sogar zu kritisieren hat.»[29]

In diesem elementaren Sinne ist die Rede vom Opfer im Blick auf die Eucharistie in der Tat unerläßlich. Um freilich die traditionellen konfessionellen Extrempositionen vermeiden zu können, ist auszugehen von der gemeinsamen – und auch von den Reformatoren nicht bestrittenen – Glaubensüberzeugung, daß Christus und sein Erlösungsgeschehen in der Eucharistie real gegenwärtig werden, und zwar im Sinne des biblischen «Gedenkens» als eines gegenwärtigsetzenden Gedächtnisses. Von daher läßt sich ein ökumenischer Konsens über das Verständnis der Eucharistie als Opfer gewinnen[30], wie er in dem vom

Ökumenischen Arbeitskreis evangelischer und katholischer Theologen erarbeiteten Dokument «Lehrverurteilungen – kirchentrennend?» dahingehend ausgesprochen worden ist: «Im gottesdienstlichen Gedächtnis der Heilstaten Gottes werden diese selbst in der Kraft des Geistes gegenwärtig, und die feiernde Gemeinde wird mit der früheren, die die Heilstaten selbst erfuhr, verbunden ... So wird es heute beiden Seiten möglich, das Verhältnis von einmaligem Kreuzesopfer und eucharistischem Vollzug als einen in sich differenzierten Zusammenhang zu verstehen, wobei sowohl die Gefahr einer unterschiedslosen Gleichung als auch die Gefahr einer alternativen Trennung vermieden werden kann.»[31]

Geht man von dieser ökumenefähigen Glaubensüberzeugung der realen Gegenwart Jesu Christi in der Eucharistie aus, drängt sich von selbst das Urteil auf, daß diese Gegenwart auch und gerade die sakramentale Vergegenwärtigung des als Sühneopfer bestimmten Kreuzesgeschehens impliziert. Denn die Gegenwart Jesu Christi in der Feier der Eucharistie ist nur dann im vollen Sinne ernst genommen, wenn sie – mit *Johannes Betz* gesprochen – sowohl als Personalpräsenz als auch als Aktualpräsenz verstanden wird.[32] Während der erste Begriff die Gegenwart der personalen Wirklichkeit Jesu Christi zum Ausdruck bringt, zielt der zweite Begriff auf die sakramentale Vergegenwärtigung des in Kreuz und Auferstehung kulminierenden Heilswerkes Jesu Christi. Diese «durch Wort- und Tatgedächtnis sakramental vermittelte Gegenwart von Person und Werk Jesu Christi» erweist sich deshalb als der «innere Einheitsgrund der verschiedenen Aspekte der Eucharistie»[33]. In diesem Sinne ist die Eucharistie aber nicht Sakrament *und* Opfer, sondern vielmehr die sakramentale Vergegenwärtigung des einen und einmaligen Kreuzesopfers Jesu Christi. Das Mahl hingegen ist die liturgische Gestalt, in der diese sakramentale Vergegenwärtigung gefeiert wird.

Von daher versteht es sich von selbst, daß man Mahlcharakter und Opfergedanken der Eucharistie niemals gegeneinander ausspielen und nicht das eine auf Kosten des anderen profilieren darf, wie es heute leider weithin üblich geworden ist. Denn sie bewegen sich nicht auf derselben Ebene: Während die sakramentale Vergegenwärtigung des Erlösungsgeschehens der zentrale *Gehalt* der Eucharistie ist, bilden das Mahl und die Tischgemeinschaft die konkrete liturgische *Form* der Feier dieses Geheimnisses. Adäquater wäre es deshalb, statt vom Mahlcharakter vom Gemeinschaftscharakter beziehungsweise von der ekklesialen Dimension der Eucharistie zu sprechen. Nur wenn man beide Aspekte gleichermaßen ernst nimmt, kann auch deutlich werden, daß die Eucharistie nicht nur die sakramentale Vergegenwärtigung des Kreuzesopfers Christi ist, sondern auch wirklich ein «Opfer der Kirche» selbst, das zentral in der Verehrung und Verherrlichung Gottes und seiner Großtaten besteht. Denn die Kirche als Leib Christi ist berufen und verpflichtet, in das Opfer Christi einbezogen zu werden und sein Opfer in gehorsamer Unterordnung mitzuvollziehen[34]. Und wenn umgekehrt dieses danksagende Opfer der Kirche zugleich die sakramentale Gestalt der Gegenwart des Opfers Christi ist, dann folgt aus der sakramentalen Vergegenwärtigung der Selbsthingabe Jesu Christi am Kreuz von selbst auch die Selbsthingabe der christlichen Gemeinde, die Eucharistie feiert, wie dies der Mainzer Dogmatiker *Theodor Schneider* betont: «Die Eucharistiefeier ist nicht die Darbringung oder Anbetung einer uns gegenüberstehenden heiligen Gabe auf dem Altar, sondern die Mahlfeier hat die Darbringung des ganzen Christus aus Haupt und Gliedern zum Ziel, also das Darbringen unserer selbst mit ihm, das Anteilgewinnen an der Hingabe Jesu Christi, die Selbsthingabe der Gemeinde, der Kirche als lebendige Hostie im Alltag der Welt.»[35]

Von diesem Verständnis der Eucharistie als sakramentaler Vergegenwärtigung des ganzen Heilswerkes Jesu Christi her ergeben sich somit auch die ethischen Aspekte der Eucharistie, auf die noch zurückzukommen sein wird. An dieser Stelle aber drängt sich der Hinweis darauf auf, daß die eigentliche Problematik der Bezeichnung der Eucharistie als Opfer nicht in dieser Rede als solcher liegt, sondern grundlegender in der für die westliche theologische Tradition überhaupt typischen, aber nicht unproblematischen Konzentration des Erlösungsverständnisses auf den Kreuzestod Jesu Christi. Tiefer gesehen aber kann der Kreuzestod Jesu Christi aus sich allein keine erlösende Kraft haben. Diese kann ihm vielmehr nur dann zukommen, wenn auch und gerade der Tod Jesu nicht das letzte Wort hat, wenn er vielmehr von Ostern her zum zweitletzten Wort hin relativiert worden ist, wenn also das Kreuz Jesu von Gott selbst durch-kreuzt worden ist. Von der Erlösung des Menschen durch das Kreuz Jesu Christi läßt sich folglich erst im Blick auf seine Auferweckung aus dem Tode sprechen, deren Feier im Mittelpunkt der Eucharistie steht. Denn Kreuz und Auferstehung Christi bilden gerade in der Feier der Eucharistie eine «differenzierte Einheit, so nämlich, daß sie eine unumkehrbare Sequenz bilden»[36], weshalb Kreuz und Auferstehung Jesu Christi zusammengehalten werden vom eschatologischen Ausblick auf seine Wiederkunft. Von daher erschließt sich eine weitere wichtige Facette der Gegenwart Jesu Christi in der Eucharistie.

3. Proleptische Finalpräsenz der Vollendung und Viaticum

Die wirksame Ansage des Todes Jesu Christi im Mahl geschieht, wie Paulus hervorhebt, «bis er kommt» (1 Kor 11,26). Da in jeder Eucharistie das himmlische Hochzeitsmahl der Endzeit vorweggenommen und der Ausblick daraufhin offengehalten wird, wird der Mahlherr auch gegenwärtig als Parusiechristus, der am Ende der Tage endgültig kommen wird. Die Eucharistie ist deshalb drittens auch proleptische Finalpräsenz des Vollendungsmahles im Reiche Gottes. Sie ist die Feier der Antizipation der Vollendung des Menschen und der ganzen Schöpfung mitten in den Zweideutigkeiten und Zerrissenheiten der heutigen Welt und Kirche. Denn in der Feier der Eucharistie wird die befreiende Lebens-, Sterbens- und Auferweckungsgeschichte Jesu Christi präsent, und die Teilnehmer werden deshalb in ihrem alltäglichen Leben heilsam unterbrochen vom Auferweckungsleben im Reiche Gottes, wie es an Jesus Christus bereits in Erfüllung gegangen ist, wie es als endgültig-gültige Bestimmung für den Menschen eschatologisch noch aussteht, wie es aber gleichsam in einem eschatologischen Intermezzo in der Feier der Eucharistie gegenwärtig wird.

Diese eschatologische Dimension der Eucharistie[37] ist zweifellos am schönsten ausgedrückt im Dritten Hochgebet des Meßbuches der römisch-katholischen Kirche, das vom Mailänder Liturgiewissenschaftler *Cyprian Vagaggini* im Zuge der Liturgiereform des Zweiten Vatikanischen Konzils entworfen, von der römischen Liturgiekommission überarbeitet und im Jahre 1968 von Papst Paul VI. für den liturgischen Gebrauch freigegeben wurde. Diesen Kanon hat der Frankfurter Jesuitentheologe *Medard Kehl* mit Recht als «liturgische Feier der Hoffnung» bezeichnet[38]. Denn bereits in der Akklamation und in der Anamnese ist von der Wiederkunft des Herrn die Rede, womit die eschatologische Parusie des Weltenrichters Jesus Christus bekannt wird[39]. Diese Parusie Christi wird in der Eucharistie in einer sakramental-symbolischen

Weise vorweggefeiert, womit zugleich die Hoffnung der christlichen Gemeinde auf die Wiederkunft des Herrn am Ende der Zeiten und auf die Anteilhabe der Gemeinde am verheißenden Erbe geweckt und genährt wird. Bei dieser Anteilhabe an der eschatologischen Vollendung geht es aber nicht nur um eine individuell-private Seligkeit des einzelnen Glaubenden, sondern auch und vor allem um eine gemeinschaftliche Teilhabe, die das Dritte Hochgebet in drei weiteren zentralen Aspekten entfaltet:

- Am Beginn der Epiklese vor dem Einsetzungsbericht wird erstens die endgültige Sammlung der ganzen Kirche bekannt und damit die ekklesiologische Dimension der eschatologischen Vollendung zum Ausdruck gebracht[40]. Denn in Gegenwart und Zukunft («bis ans Ende der Zeiten») will Gott selbst ein universales Volk («vom Aufgang der Sonne bis zum Untergang») zur Eucharistiefeier («damit deinem Namen das reine Opfer dargebracht werde») versammeln. Auffällig an diesem liturgischen Text ist dabei, daß er in der Gegenwartsform spricht: «Du versammelst dir ein Volk.» Damit soll deutlich werden, daß die endgültige Sammlung der Kirche, die einmal zu ihrer Vollendung gelangen wird, bereits jetzt in der Gegenwart geschieht und eucharistische Gegenwart ist.
- Im «Memento Sanctorum» nach dem Einsetzungsbericht wird die gemeinschaftliche Dimension der eschatologischen Vollendung zweitens näherhin als

endzeitliches Hineingenommenwerden in die im Himmel bereits vollendete «Gemeinschaft der Heiligen» gesehen[41]. Denn die Eucharistie schenkt schon jetzt die feste Zuversicht auf die Vollendung der Teilhabe am Leben Jesu Christi, die aber nur in der Gemeinschaft aller Vollendeten zum Ziel kommen kann.

- In diese Gemeinschaft der Vollendeten werden drittens im «Memento Mortuorum» auch alle Verstorbenen mit einbezogen, indem um das Erbarmen Gottes für sie und für ihre Aufnahme in die Herrlichkeit des Vaters gebetet wird[42]. Dabei greift das Hochgebet auf das biblische Bild vom Mahl im vollendeten Reich Gottes zurück, an dem die Menschen, die jetzt Eucharistie feiern, nach ihrem Tod endgültig Anteil haben werden.

In dreifacher Hinsicht wird damit zum Ausdruck gebracht, daß der einzelne Christ seine Seligkeit nur finden kann und finden wird in der «communio sanctorum et mortuorum», weshalb diese christliche Hoffnung «stark ekklesiologisch geprägt» ist[43]. Immer wenn die christliche Gemeinde dieses Hochgebet vollzieht, bringt sie deshalb ihre Hoffnung auf die unverhüllte Begegnung mit dem wiederkommenden Christus und damit zugleich auf die Herrlichkeit Gottes in seinem ewigen Reich des Friedens und der Gerechtigkeit zum Ausdruck. Da diese Hoffnung aber engstens verbunden ist mit der sakramentalen Vorwegnahme dieses eschatologischen Heils in der

Eucharistie, erweisen sich dieser Ausblick auf die Vollendung und ihre bereits jetzt gegenwärtige Vorwegnahme für den gläubigen Vollzug der Eucharistie als von zentraler Bedeutung, und zwar genauerhin in zweifacher Hinsicht:

- Die eschatologische Dimension der Eucharistiefeier erschließt erstens das tiefste Wesen der christlichen Kirche als des in der Geschichte wandernden Volkes Gottes, das unterwegs ist zu seiner wahren Heimat im Reiche Gottes. Sie bringt deshalb in das gläubige Bewußtsein der Christen zurück, daß sie sich in der heutigen Welt nur als «Gäste» verstehen können, wie sie denn auch in dem von *Georg Thurmair* gedichteten Kirchenlied bekennen: «Wir sind nur Gast auf Erden und wandern ohne Ruh mit mancherlei Beschwerden der ewigen Heimat zu.»[44] An dieses in der Eucharistie begründete Gastsein der Christen in der Welt erinnert auch heute noch das griechische Wort für «Pfarrei», nämlich «paroikia». Genau übersetzt heißt dies nämlich: «Fremdsein in der heutigen Welt», womit zum Ausdruck kommt, daß die Christen als Paroikoi Menschen sind, die sich in unserer Welt nie zuhause fühlen können, weil sie ihre wahre Heimat im Reiche Gottes haben und weil sie in dieser Welt auf der steten Wanderschaft sind unterwegs zur endgültigen Stadt Gottes.[45]

  Von daher wird die Eucharistie verstehbar und erlebbar als «Viaticum» im ursprünglichen und wörtlichen Sinn: Christus selbst schenkt sich als Brot des Lebens, er präsentiert sich in jeder Eucharistiefeier als gastfreundlicher Wirt, und er bietet sich als «Wegzehrung» für das Volk Gottes auf seiner irdischen Wanderschaft dar. Je mehr die Christen die Eucharistie in diesem Sinne gleichsam als «Apéritif» des Gottesreiches genießen, desto mobiler werden sie in der heutigen Welt werden und desto entschiedener werden sie sich in den Dienst am Kommen des Gottesreiches in Frieden und Gerechtigkeit stellen.

- In diese Vorfeier des himmlischen Hochzeitsmahles und der eschatologischen Vollendung ist in der sakramentalen Zeichenhaftigkeit der Eucharistie zweitens auch die ganze Schöpfung einbezogen.[46] Von daher erhält die Eucharistiefeier eine universal-kosmische Dimension, die am deutlichsten zum Ausdruck kommt im liturgischen Akt der Gabenbereitung. Denn in der Darbringung von Brot und Wein, den «Früchten der Erde und der menschlichen Arbeit», wie es in den Begleitgebeten zur Gabenbereitung heißt, wird nicht nur die eschatologische Verherrlichung Gottes durch die gesamte Schöpfung vorweggefeiert, sondern in der Verwandlung der ganzen Welt vorweggenommen. Dies bedeutet genauerhin, daß die Eucharistiefeier nicht einfach Liturgie in der Welt ist, sondern Liturgie der Welt selbst, worauf *Karl Rahner* mit Recht immer wieder hingewiesen hat: «Der Gottesdienst der christlichen Kirche» ist nicht «eine seltsame ausgesparte Sonderregion im profanen Leben» und damit nicht nur «göttliche Liturgie *in* der Welt», sondern «göttliche Liturgie *der* Welt» und damit «Erscheinung der göttlichen Liturgie, die mit der Heilsgeschichte identisch ist»[47].

Diese universal-kosmische Schau der Eucharistie dürfte von keinem zweiten Glaubenszeugen so tief erfaßt worden sein wie von *Pierre Teilhard de Chardin.* Denn seine Evolutionschristologie hat ihren eigentlichen «Sitz im Leben» in der eucharistischen «Wandlung» der natürlichen Materieelemente von Brot und Wein in den Leib und das Blut Christi. *Ernst Benz* hat deshalb mit Recht darauf hingewiesen, daß Teilhard de Chardins theologisch-spirituelle Vision der kosmischen «Eucharistisation» der realen Erfahrung der kirchlichen Eucharistie entspringt, und zwar so sehr, daß seine kosmologische Christologie letztlich nur zu verstehen ist als Vision der kosmischen Eucharistie überhaupt[48]. Genauerhin hat Teilhard de Chardin in der eucharistischen «Wandlung» von Brot und Wein in den Leib und das Blut Christi die antizipierende Feier der universalen «Transsubstantiation» des ganzen Kosmos in den Leib Christi gesehen. Von daher drängt sich die letzte Facette der Gegenwart Jesu Christi in der Eucharistie von selbst auf. Diese ist erst in diesem größeren Zusammenhang wirklich verständlich, freilich nun auch unaufschiebbar.

4. *Somatische Realpräsenz Christi und Transsubstantiation*

Im bisher aufgezeigten größeren Zusammenhang bleibt jetzt zu bedenken, daß im Herrenmahl auch Leib und Blut des Gekreuzigten und Auferstandenen real gegenwärtig werden in den Mahlelementen von Brot und Wein. Die Eucharistie ist deshalb viertens auch zu verstehen als die Feier der somatischen Realpräsenz des Leibes und Blutes Christi, in der es um eine gleichsam stoffgebundene Aufnahme der göttlichen Lebenskraft durch die Teilnahme an einer Mahl- und Opferfeier geht, also um jene Wirklichkeit, die in der Religionswissenschaft als Theophagie bezeichnet wird. Dieses Geheimnis ist in der katholischen Tradition zum Ausdruck gebracht worden mit dem Begriff der «Transsubstantiation», der auch Eingang gefunden hat in die Lehrentscheidungen des Konzils von Trient. Dieses definierte nämlich im Jahre 1551: «Weil aber Christus, unser Erlöser, sagte, das, was er unter der Gestalt des Brotes darbrachte …, sei wahrhaft sein Leib, deshalb hat in der Kirche Gottes stets die Überzeugung geherrscht, und dieses heilige Konzil erklärt es jetzt von neuem: durch die Konsekration des Brotes und Weines geschieht eine Verwandlung der ganzen Substanz des Brotes in die Substanz des Leibes Christi, unseres Herrn, und der ganzen Substanz des Weines in die Substanz seines Blutes. Diese Wandlung wurde von der heiligen katholischen Kirche treffend und im eigentlichen Sinne Wesensverwandlung genannt.»[49]

Im lateinischen Text steht dafür das geschichtswirksam gewordene Wort «transsubstantiatio». Dieses Wort ist nur zu verstehen auf dem Hintergrund der im Mittelalter üblichen philosophischen Unterscheidung zwischen der Substanz und den Akzidentien. Die letzteren sind die konkret und empirisch faß- und greifbaren Realitäten. Die Substanz hingegen ist das der konkreten empirischen Realität unsichtbar zugrunde liegende eigentliche Wesen dieser Wirklichkeit. Geht man von dieser Grundunterscheidung aus, dann wollte das Konzil zum Ausdruck bringen, daß in der Feier der Eucharistie das eigentliche Wesen von Brot und Wein in die Substanz von Leib und Blut Jesu Christi verwandelt werden, währenddem die Akzidentien von Brot und Wein unverändert fortdauern.[50] Daß somit aus den Mahlelementen von Brot und Wein in der Eucharistie etwas ganz Neues geschieht, was vorher nicht war, daß aber andererseits Leib und Blut Christi auch nicht einfach zu Brot und Wein hinzukommen, daß vielmehr eine Wandlung geschieht, die Brot und Wein durch die Aufnahme in eine andere und höhere Seinsordnung trifft und ändert, dies hat Kardinal *Joseph Ratzinger* neuerdings treffend so ausgedrückt: «Der Herr bemächtigt sich des Brotes und des Weins, er hebt sie gleichsam aus den Angeln ihres gewöhnlichen Seins in eine neue Ordnung hinein; auch wenn sie rein physikalisch gleichbleiben, sind sie zutiefst Anderes geworden.»[51]

Verwechselt man hingegen Substanz und Akzidentien, wie dies bei etwelchen sogenannten «glaubenstreuen Katholiken» der Fall ist, dann vertritt man jenen eucharistischen Materialismus, und zwar in dem Sinne, daß die Akzidentien von Brot und Wein chemisch verwandelt worden wären – und gerade dies wollte das kirchliche Lehramt vermeiden. Dieses Mißverständnis legt sich heute aber vielen Menschen deshalb nahe, weil sich im alltäglichen Sprachgebrauch der Begriff der Substanz in sein schieres Gegenteil verwandelt hat. Bezeichnete er im Mittelalter das der konkreten materiellen Wirklichkeit unsichtbar zugrunde liegende Wesen, so versteht der heutige Mensch beinahe spontan unter diesem Wort das, was die mittelalterliche Philosophie als Akzidenz bezeichnet hat. Und dann wird natürlich auch das Wort «Transsubstantiation» sinnverkehrt verstanden.

Hinzu kommt eine weitere Schwierigkeit. Denn die Begriffe von Substanz und Akzidenz gehören ganz in den Zusammenhang des naturphilosophischen Denkens des Mittelalters. In diesem Zusammenhang war die Lehre der Transsubstantiation damals wahrscheinlich die einzige Möglichkeit, die dem kirchlichen Lehramt zur Verfügung stand, um das Geheimnis der eucharistischen Gegenwart Christi denkerisch zum Ausdruck zu bringen. Man wird deshalb dem Urteil des Franziskanertheologen *Alexander Gerken* unumwunden zustimmen müssen, «daß es innerhalb des im Mittelalter vorgegebenen Denkhorizontes keinen anderen genuinen Ausdruck für die Wirklichkeit der Eucharistie gab als den der Transsubstantiation»[52]. Dieses historisch gerechte Urteil bedeutet freilich auf der anderen Seite, daß der damalige Denkhorizont natürlich auch seine Grenzen hatte. Deren elementarste muß man darin erblicken, daß es sich bei der Eucharistie nicht, jedenfalls nicht in erster Linie, um ein naturphilosophisches Problem handelt. Denn Christus ist in der Eucharistie gerade nicht gegenwärtig wie eine *naturale* Sache. Er ist vielmehr auf eine *personale* Weise und in der Zuordnung auf Personen hin gegenwärtig. Deshalb geht es in der Eucharistie vor allem um die personale Begegnung der christlichen Gemeinde mit ihrem Mahlherrn, der als der Auferweckte und in der Kraft seines Geistes in der Eucharistie gegenwärtig wird. Zusammen mit seiner Person wird in der Eucharistie aber auch, wie bereits deutlich geworden ist, sein in Tod und Auferweckung kulminierendes Erlösungsgeschehen gegenwärtig. Erst in diesem größeren Zusammenhang kann einsehbar werden, daß in der Eucharistie auch Leib und Blut des Gekreuzigten und Auferweckten real gegenwärtig werden in den Mahlelementen von Brot und Wein. Diese sind dann genauerhin zu verstehen als die realisierenden Zeichen der fundamentalen Personalpräsenz Jesu Christi und der sakramentalen Vergegenwärtigung des Heilsgeschehens.

Die gegenwärtige Theologie ist deshalb mit bestem Recht bemüht, die naturphilosophischen Begriffe von damals in ein personbezogenes Denken von heute zu übersetzen. Dazu aber braucht es, wie *Bernhard Welte* bereits früh postuliert hat, eine «relationale Ontologie», mit Hilfe derer die Einsicht in die somatische

Realpräsenz Christi allererst aus der viel fundamentaleren Aussage über die Eucharistie folgt, die Welte mit dieser treffenden Kurzformel umschrieb: «Der Tod des Herrn wird im Sakrament gegenwärtig als Mahl»[53]. In derselben Sinnrichtung hat auch *Joseph Ratzinger* betont, daß die eucharistische Seinsweise Christi «keine einfache naturale Ubiquität» bedeuten könne und «überhaupt nicht ‹secundum modum naturae›, nach der Weise der Naturdinge, sondern ‹secundum modum personae›» zu verstehen sei[54]. Denn Christus ist in der Eucharistie «anwesend seinem wesentlichen Selbstsein nach, in das Er die Kreatur einbezieht, dadurch, daß Er sie zu Zeichen seiner Anwesenheit macht. Anwesend ist seine durch das Kreuz hindurchgegangene Liebe, in der Er sich selbst (die ‹Substanz› seiner selbst): Sein von Tod und Auferstehung geprägtes Du als heilschaffende Wirklichkeit uns gewährt.»[55]

Ratzinger bringt somit den tragenden Grund der Gegenwart Christi in der Eucharistie dadurch zum Ausdruck, daß er von der Anwesenheit der Person Christi in der Eucharistie redet, indem er von der Anwesenheit seiner durch das Kreuz hindurchgegangenen Liebe spricht. Denn es ist genau Jesu Durchgang durch den Tod in seine Auferweckung hinein, die ihm die Macht verliehen hat, die Eucharistie und die in dieser Feier gereichten Speisen zu Zeichen seiner personalen Gegenwart zu wandeln. Und indem Ratzinger beim Verständnis der somatischen Realpräsenz Christi vom Ineinander von Person und Schicksal

Jesu Christi und damit von der unlösbaren Zusammengehörigkeit von Personal- und Aktualpräsenz ausgeht, macht er zugleich deutlich, daß sich in der somatischen Realpräsenz von Leib und Blut Jesu Christi in den Mahlelementen von Brot und Wein die anderen Gestalten der Gegenwart des Herrn, die Vergangenheit, Gegenwart und Zukunft umspannen und die natürlich genauso real sind, in ganz konkreten Elementen verdichten:

Der erinnernde Rückblick in die *Vergangenheit* des Erlösungsgeschehens, der liturgisch verortet ist in der Anamnese, zielt auf die Aktualisierung des Erlösungsgeschehens in der *Gegenwart,* die vor allem zum Ausdruck kommt in der Epiklese; und sie ist mit einem eschatologischen Ausblick auf die für die *Zukunft* verheißene Vollendung des Erlösungsgeschehens verbunden, wie er am deutlichsten explizit wird in der Wandlungsakklamation und in dem zwischen dem Vater-unser und der Schlußdoxologie eingeschobenen Embolismus. Die Eucharistie ist deshalb sowohl die Feier der Erinnerung an Christi erstes Kommen in Palästina vor bald zweitausend Jahren als auch die Feier des sakramental vermittelten heutigen Kommens Christi in die Gottesdienstgemeinde als auch und erst recht die Vorwegfeier des endgültiggültigen Kommens Christi in Herrlichkeit im Reiche Gottes. Von daher läßt sich das Geheimnis der Gegenwart Christi in der Eucharistie in dieser Kurzformel zusammenfassen: Christus kam, Christus kommt, und Christus wird kommen.

III. Eucharistie als Kristallisation des christlichen Glaubens und kirchlichen Lebens

Der tiefste Sinn der Eucharistie liegt somit im Kommen Christi in die gottesdienstliche Gemeinschaft der Christen, und sie zielt auf die Gemeinschaft der Christen mit ihm und deshalb der Christen untereinander, genauerhin in seinem Leib, der die Kirche ist. Dementsprechend ist die eucharistische Communio nicht nur *personal* als Anteilhabe der Glaubenden an Christus zu verstehen und zu vollziehen, sondern auch *ekklesial* als Gemeinschaft der Glaubenden untereinander in Christus.[56] Der Zusammengehörigkeit dieser beiden Dimensionen muß in einem dritten Gedankenschritt noch weiter nachgegangen werden. Denn sie erweist sich deshalb als zentral, weil die personale wie ekklesiale Communio das eigentliche Ziel und die höchste Vollendung der eucharistischen Feier ist, wie sie liturgisch im Friedensgruß und in der Kommunion zum Ausdruck kommt. Mit *Theodor Schneider* gilt es deshalb zu betonen, daß der «Leib Christi» als eucharistische Nahrung und der «Leib Christi» als kirchliche Gemeinschaft unter den Glaubenden und Getauften ein einziges und unlösbares Sakrament bilden[57].

1. Eucharistische und ekklesiale Communio

An erster Stelle dürfte der Hinweis nicht unwichtig sein, daß die untrennbare Verbindung von Eucharistie und Kirche durchaus biblische Wurzeln hat, wie sie bereits beim irdischen Jesus deutlich zu greifen sind. Denn bei ihm hat die Tischgemeinschaft mit «Sündern und Zöllnern» eine maßgebliche Rolle gespielt. Da für die damaligen Juden die Tischgemeinschaft das sinnenfällige Zeichen engster Gemeinschaft war, pflegte Jesus gerade mit den sozial wie religiös ausgestoßenen Menschen Tischgemeinschaft und integrierte sie so in die neue Heilsgemeinschaft. Charakteristisch für diese Mahlfeiern Jesu war dabei in seinem irdischen Leben, daß er mit ihnen das Kommen des Reiches Gottes, das er nicht nur verkündet, sondern auch an seine Person gebunden hat, vorwegfeiert hat. In diese Mahlfeiern hat Jesus auch seine Jünger mit einbezogen; und er hat sie angesichts des bedrohlich nahen Todes aufrechterhalten, wie auch gerade das letzte Abendmahl zeigt. In seinem eschatologischen Ausblick (vgl. Mk 14,25), den er während dieses letzten Mahles sprach, kommt nicht nur zum Ausdruck, daß auch dieses in der für Jesus charakteristischen Dynamik des hereindrängenden Gottesreiches steht, sondern es wird auch deutlich, daß Jesus seine Botschaft vom Kommen des Reiches Gottes auch angesichts seiner Verwerfung und seines bevorstehenden Todes durchhielt.[58]

Auch und gerade bei der Stiftung des Abendmahles durch Jesus kommt seine Gemeinschaftsdimension sichtbar zum Ausdruck. Bereits die Tatsache, daß die Stiftung des Abendmahles im Rahmen eines festlichen gemeinsamen Mahles geschah und daß Jesus – entgegen dem bis anhin üblichen Brauch – allen an dem einen Becher Anteil gab und dadurch den Neuen Bund begründete, weist auf den Gemeinschaftscharakter und damit auf die wurzelhaft ekklesiale Dimension der Eucharistie hin. Das wird denn auch in den Abendmahlsberichten explizit gedeutet, wenn vom «neuen Bund in meinem Blut» gesprochen wird. Damit wird die Eucharistie nämlich verstanden als erfülltes und wirksames Zeichen sowohl der neuen Heilszeit als auch der neuen Heilsordnung, die sich nicht nur auf das Verhältnis zu Gott bezieht, sondern auch auf das Verhältnis der Glaubenden untereinander.

Es ist deshalb kein Zufall, daß die Mahlgemeinschaft Jesu in seinem irdischen Leben, die in seinem letzten Abendmahl eine äußerste Verdichtung gefunden hat, indem sie gleichsam eine Blutsbrüderschaft zwischen Gott und den Menschen begründete, auch vom Auferweckten in seinen Erscheinungsmählern weitergeführt wird. Von daher legt es sich nahe, im Blick auf die Eucharistie der Kirche von einer dreifachen Wurzel zu reden: Die erste Wurzel liegt in den häufigen Mahlfeiern des irdischen Jesus mit unterschiedlichen Teilnehmern. Diese sind dabei zu verstehen als Vorwegfeiern des endzeitlichen Mahles und als demonstrative Zeichen der Aufnahme auch und gerade der Verlorenen in seine Heilsgemeinschaft. Die zweite und wohl zentralste Wurzel besteht im letzten Abendmahl Jesu mit seinen Jüngern vor seinem Tod. Und die dritte Wurzel ist gegeben in jenen Erscheinungsmählern des Auferweckten mit den Osterzeugen, in denen es sowohl zur Erfahrung des Auferweckten selbst als auch zur Erfahrung der weiterbestehenden Tischgemeinschaft mit dem Erhöhten gekommen ist.

Die bereits in der Mahlgemeinschaft des irdischen Jesus implizierte Christologie wird somit in der kirchlichen Feier der Eucharistie zu einer expliziten; und die in der Praxis der Tischgemeinschaft Jesu mit den Zöllnern und Sündern angelegte Tendenz zur Vergemeinschaftung wird in der Gemeinschaft der Glaubenden und zur Eucharistie versammelten Christen konkret. Denn für den christlichen Glauben bedeutet die eucharistische Gemeinschaft der Christen mit Christus zugleich die Gemeinschaft der Glaubenden untereinander. Für diesen untrennbaren Lebenszusammenhang zwischen eucharistischer und kirchlicher Gemeinschaft hat bereits der Apostel Paulus einen prägnanten Ausdruck gefunden, wenn er den Begriff «Leib Christi» sowohl für den eucharistischen Leib Christi als auch für die kirchliche Gemeinschaft verwendet: «Ist der Kelch des Segens, über den wir den Segen sprechen, nicht Teilhabe am Blut Christi? Ist das Brot, das wir brechen, nicht Teilhabe am Leib Christi? *Ein* Brot ist es. Darum sind wir viele *ein* Leib; denn wir alle haben teil an dem einen

Brot» (1 Kor 10,16–17). Wie wichtig für Paulus der unlösbare Zusammenhang zwischen Eucharistie und kirchlicher Gemeinschaft ist, ist vor allem daran abzulesen, daß er – im Unterschied zu allen anderen neutestamentlichen Abendmahlstraditionen – Brot- und Kelchwort umstellt, genauerhin das Kelchwort dem Brotwort voranstellt. Der Grund für dieses auffällige und eigenwillige Verfahren kann nur darin liegen, daß Paulus auf diesem Wege den Zusammenhang zwischen Eucharistie und kirchlicher Gemeinschaft besser verdeutlichen kann. Unmittelbar wechselt er vom «Leib Christi», an dem das eucharistische Brot Anteil gibt, über zum «Leib Christi», der die Kirche selbst ist. So macht er verständlich, daß der Aufbau der Gemeinde durch die Eucharistie geschieht und daß die Einheit der vielen Glaubenden in der einen Kirche von dem einen eucharistischen Brot und damit von dem einen Christus herkommt: Weil und insofern Christus nur einer ist, ist auch das eucharistische Brot nur eines; und weil und insofern die Glaubenden durch dieses eine Brot an dem einen Christus Anteil erhalten, kann auch die Kirche nur eine sein.

Diese paulinische Betonung der kirchlichen Dimension der Eucharistie hat ihre selbstverständliche Fortsetzung auch bei den Kirchenvätern gefunden. Dies gilt vor allem für *Augustinus,* der den Lebenszusammenhang von Eucharistie und Kirche derart tief verstanden hat, daß er ihn an der einprägsamen Kurzformel festmachen konnte: «Wenn ihr selbst also Leib Christi und seine Glieder seid, dann liegt auf dem eucharistischen Tisch euer eigenes Geheimnis … Ihr sollt sein, was ihr seht, und sollt empfangen, was ihr seid.»[59] Für Augustinus ist deshalb die Eucharistie «Zeichen der Einheit und Band der Liebe»[60]. In derselben Sinnrichtung konnte auch Papst *Leo der Große* erklären: «Wir gehen in das über, was wir empfangen.»[61] Damit ist deutlich, daß man die Leibhaftigkeit des eucharistischen Sakramentes nicht aus der Leibhaftigkeit der kirchlichen Communio herauslösen kann, ohne die Auflösung der Kirche wie des eucharistischen Sakramentes zu bewirken.

Hier liegt es zutiefst begründet, daß nach katholischem Verständnis die Gemeinschaft in der Eucharistie als Sakrament der kirchlichen Einheit das Leben des Glaubens in der vollen Kirchengemeinschaft voraussetzt. Diese findet ihren deutlichsten Ausdruck in der Gemeinschaft mit dem jeweiligen Ortsbischof und mit dem Bischof von Rom als dem Träger des petrinischen Dienstes, der ein Dienst an der Einheit der universalen Kirche ist. Von daher ist es keineswegs eine belanglose Äußerlichkeit oder eine unter Umständen auch zu vernachlässigende Nebensächlichkeit, wenn im «Memento ecclesiae» der Name des jeweiligen Ortsbischofs wie des Bischofs von Rom genannt wird. Diese liturgische Praxis ist vielmehr, um mit *Walter Kasper* zu reden, «Ausdruck der *communio,* innerhalb derer die einzelne eucharistische Feier von ihrem innersten Wesen her allein sinnvoll ist»[62].

Es darf freilich nicht verschwiegen werden, daß dieser kirchliche Communio-Charakter der Eucharistie leider in der Tradition der katholischen Kirche nicht immer bewahrt worden ist, sondern ausgeblendet wurde und in Vergessenheit geriet. Vor allem *Henri de Lubac* hat eindringlich gezeigt[63], daß im zweiten Abendmahlsstreit im 11. Jahrhundert der Zusammenhang zwischen dem sakramentalen Leib Christi und dem ekklesialen Leib Christi weithin verlorenging. Die Folge dieser Entwicklung muß in jener verhängnisvollen Individualisierung, wenn nicht gar Privatisierung des Verständnisses und des Vollzuges der Eucharistie gesehen werden, die bis heute im durchschnittlichen Glaubensbewußtsein vieler Katholiken noch immer nachwirkt.

2. *Perspektiven eucharistischer Communio*

Es macht demgegenüber das besondere Verdienst des Zweiten Vatikanischen Konzils aus, daß es die einseitigen Entwicklungen einer verhängnisvollen Individualisierung und Privatisierung von Verständnis und Praxis der Eucharistie durchbrechen konnte und die kirchliche Gemeinschaft wiederum in der eucharistischen Gemeinschaft verwurzelt hat. In diesem Sinne betont die Dogmatische Konstitution über die Kirche: «Beim Brechen des eucharistischen Brotes erhalten wir wirklichen Anteil am Leib des Herrn und werden zur Gemeinschaft (communio) mit ihm und untereinander erhoben.»[64] Nimmt man diese Grundsatzerklärung des Konzils wahr und ernst, muß man im

Blick auf die Tischgemeinschaft des Abendmahls genauerhin von einer dreifachen Gemeinschaft sprechen:

- Das Abendmahl ist erstens *vertikale Gemeinschaft der Glaubenden mit Gott* dem Vater durch den Sohn im Heiligen Geist. Es ist Teilhabe an Tod und Auferstehung Jesu Christi und deshalb Feier des Dankes und der liturgischen Anbetung. Für das Verständnis und den Vollzug der Eucharistie ist es dabei von entscheidender Bedeutung, daß die Wirklichkeit des eucharistischen Leibes Christi den Feiernden vor-gegeben ist und daß sie sich einbeziehen lassen in dieses Geschehen. Denn Christus schafft in der Kraft seines Geistes die Voraussetzung, und die Glaubenden haben ihr zu entsprechen. Er legt den Grund, auf dem die Glaubenden sich bewegen. Deshalb schaffen nicht der investierte Gemeinschaftssinn der Glaubenden und ihr zusammengeballter guter Wille dieses Sakrament. Es verhält sich vielmehr umgekehrt: Die Gegenwart Jesu Christi in der Feier der Eucharistie bindet die Glaubenden zur Gemeinschaft zusammen. Nicht weil die Christen eine so großartige Gemeinschaft wären, könnten sie sich auch den Luxus leisten, den Herrn Jesus in ihre Gemeinschaft einzuladen. Ihre Hoffnung zielt vielmehr auf das freiwillige Kommen Jesu Christi zu den heutigen Sündern. Denn wir Christen sind Kirche, nicht weil *wir* gut wären, sondern weil *Er* gut ist und zu uns Menschen kommt. Wir sind sogar Heilige, allerdings nicht weil *wir* makellos wären und keine Fehler machten, sondern weil *Er* uns – wie damals den neugierigen Betrüger Zachäus – von der Palme herunterholt und bei uns einkehrt, um uns sündige und ich-süchtige Menschen in liebende Schwestern und Brüder umzuwandeln.

Weil in der Feier der Eucharistie jene Lebenshingabe Jesu Christi, aus der die Christen leben, in unsere Gegenwart kommt, erweist sich die Eucharistie näherhin als der je neue Nachvollzug der Taufe, in der sie mit dem Tod und der Auferstehung Jesu Christi bereits verbunden worden und in die Gemeinschaft der Kirche eingegliedert sind. Noch präziser läßt sich dieser unlösbare Zusammenhang zwischen Taufe und Eucharistie mit dem Liturgiewissenschaftler *Jakob Baumgartner* so ausdrücken: «Wenn die Kirche ihr Kirche-*Werden* der Taufe verdankt, so ihr Kirche-*Bleiben* dem Herrenmahl.» Von daher versteht es sich von selbst, daß in der Logik des christlichen Glaubens Kirche ohne Eucharistie genauso unmöglich ist wie Eucharistie ohne Kirche und damit ohne konkrete Gemeinde.

- Nur wenn im Mittelpunkt der Eucharistie die Gemeinschaft der Glaubenden mit dem auferweckten, erhöhten und im Geist gegenwärtigen Christus steht, wird das Abendmahl zweitens auch erfahrbar als *horizontale Gemeinschaft der Glaubensgeschwisterlichkeit* unter den christlichen Zeitgenossen. Denn das Kommen des erhöhten Herrn in die gottesdienstliche Versammlung der Christen zielt auf die Gemeinschaft mit ihm und deshalb auf die Gemeinschaft der Christen untereinander. In seinem Gegenwärtigsein in der Eucharistie liegt die Tendenz zur Versammlung, zur Verbindung und zur Vereinigung. Von daher ist es mißverständlich zu sagen, der Höhepunkt der Eucharistie sei die «Wandlung». Demgegenüber hätte Paulus heftig darauf bestanden, daß der Zielpunkt des eucharistischen Kommens Jesu Christi, der Höhepunkt seiner sakramentalen Gegenwart und damit der tiefste Sinn der Eucharistie in der Kommunion liegt, in der Vereinigung von Haupt und Gliedern und in der Einheit Christi in den Christen und daß sie deshalb auf die Umwandlung der sündigen Menschen in vom Geist ergriffene Töchter und Söhne des Vaters und liebende Schwestern und Brüder zielt.

Dies bedeutet konkret, daß der Glaube an die wirkliche Gegenwart Jesu Christi in der Eucharistie und die Art und Weise der Gemeinschaft der Christen untereinander unmittelbar miteinander zu tun haben. Es ist von daher keineswegs zufällig, daß für Paulus das unsolidarische Verhalten der Gemeinde von Korinth den unmittelbaren Anlaß bildete, im Ersten Korintherbrief von der Eucharistie zu sprechen. Doch was war damals vorgefallen, und was hat den Apostel derart in Rage versetzt? Beim Herrenmahl, das im damaligen Korinth das Sättigungsmahl und die anschließende Feier der Eucharistie umfaßte, mußte die Spaltung der Gemeinde besonders drastisch in die Augen springen. Denn die reicheren Gemeindemitglieder hatten die Möglichkeit, früher als die Ärmeren, die Sklaven und Hafenarbeiter, zusammenzukommen. Deshalb aßen sie zunächst die mitgebrachten Speisen und warteten mit der Eucharistiefeier, bis auch die Armen hinzukommen konnten. Diese mußten allerdings mit knurrendem Magen an der Eucharistiefeier teilnehmen, da die Reicheren das Sättigungsmahl bereits hinter sich gebracht hatten. In dieser Handlungsweise wurde jedoch der Gruppenegoismus der Reichen, der die Gemeinde von Korinth spaltete und zerrüttete, bis ins Herrenmahl manifest; ja, er mußte gerade beim Herrenmahl besonders ärgerlich ans Tageslicht treten. Denn es war genau dieser eklatante Widerspruch zwischen dem gemeinsamen Herrenmahl und dem verweigerten geschwisterlichen Sättigungsmahl, den Paulus mit aller Deutlichkeit sah und in aller Schärfe rügte.

Vor diesem dunklen Hintergrund nun kommt Paulus auf die Eucharistie zu sprechen. Diese ist gestiftet worden von Jesus in der «Nacht, in der er ausgeliefert wurde» (1 Kor 11,23), also in der Stunde, als seine Lebenshingabe «für die Vielen» begann. Jesus hat sich hingegeben bis in den Tod; und in der Eucharistie feiern die Christen die Vergegenwärtigung seines Todes in Handlung und Wort.

Was die Gemeinde in der Eucharistie verkündet, dem widerspricht sie aber mit ihrem alltäglichen Verhalten. Denn wenn die Gemeinde ihr Leben von der Lebenshingabe Jesu Christi empfängt und wenn sie deshalb ihr wahres Wesen darin findet, diese Lebenshingabe Jesu Christi in ihrem eigenen Leben nachzuvollziehen, dann widerspricht sie diesem ihrem Wesen dadurch, daß sie Eucharistie feiert in einem Zustand der Uneinigkeit und der verweigerten Solidarität. Der Kardinalfehler der zerstrittenen Gemeinde von Korinth liegt somit im Urteil des Paulus keineswegs darin, daß sie an der sakramentalen Gegenwart Jesu Christi rüttelte oder – modern ausgedrückt – daß sie eine unorthodoxe «Theologie der Realpräsenz» vertrat. Ihr Fehler lag vielmehr darin, daß sie durch ihr unsolidarisches Verhalten die gottesdienstliche Versammlung spaltete und die geschwisterliche Gemeinschaft aufkündigte. Denn Paulus ist überzeugt, daß die leibliche Selbstmitteilung Christi im Sakrament die Feiernden «zu konkretem leiblichem Gehorsam im Leibe Christi» beschlagnahmt[65]. Deshalb fordert er die Gemeinde zur Umkehr, zur Reinigung und Einigung auf, und zwar aus der Herzmitte des eucharistischen Geschehens.

- Von daher erschließt sich auch der dritte Aspekt der eucharistischen Gemeinschaft. Denn die Eucharistie ist auch *diagonale Gemeinschaft mit den Heiligen* und deshalb mit der ganzen christlichen Kirche durch alle Jahrhunderte hindurch. Erst und allein in diesem dreifachen Sinn ist die christliche Kirche wirklich «communio sanctorum»: Gemeinschaft der Heiligen.[66] Diese diagonale Gemeinschaft mit den Heiligen, die liturgisch im *memento sanctorum* verortet ist, bringt die unlösbare Zusammengehörigkeit zwischen der «streitenden Kirche» auf Erden, die allerdings keineswegs identisch ist mit der heute arg zerstrittenen Kirche, und der in Gott bereits vollendeten Kirche des Himmels im Glaubensbewußtsein der Christen zur Geltung. Die Förderung dieses Bewußtseins erweist sich dabei gerade heute als besonders notwendig. Denn unter der Kirche versteht der christliche Glaube unendlich mehr als die gegenwärtig existierende Gemeinschaft der Glaubenden; er schließt vielmehr auch und gerade die bei Gott bereits vollendete Kirche mit ein. Die gläubige Realisierung dieser Gemeinschaft mit den Heiligen, den bereits von Gott vollendeten und in der Ewigkeit Gottes lebenden Menschen, ist zugleich geeignet, die eschatologische und universal-kosmische Dimension der Eucharistie zu verlebendigen, von der bereits die Rede war. Denn wiewohl die Feier der Eucharistie keineswegs bereits das verheißene Reich Gottes ist, so ist sie doch bereits schon die sakramentale Vorwegerfahrung, gleichsam der Vorgeschmack dieses Gottesreiches.

Von dieser eschatologischen Dimension der Eucharistie her eröffnet sich auch ein neuer Zugang zur Grundüberzeugung der katholischen Tradition von der bleibenden Dauer der eucharistischen Gegenwart Jesu Christi auch über den Abschluß der liturgischen Feier der Eucharistie hinaus. Denn wenn sich Christus in der Eucharistie seiner Kirche schenkt und wenn diese Gegenwart in den Gaben von Brot und Wein eine konkret sinnliche Gestalt findet, dann ist prinzipiell nicht einzusehen, warum seine Gegenwart nicht genauso lange bleibt, wie die Kirche lebt. Da sich die sakramentale Vergegenwärtigung Jesu Christi zudem nicht «bloß» um einer liturgischen Feier willen, sondern primär für die Kirche ereignet, wird diese, solange sie lebt und glaubt, von Christus auch weiterhin begleitet, auch und gerade in der Konkretheit und Leibhaftigkeit, die seine Begleitung in den eucharistischen Gaben angenommen hat. In diesen lebt nämlich die Eucharistie gleichsam kristallisiert weiter, auch wenn die Liturgie als Vorgang abgeschlossen ist. Deshalb vermag gerade die Praxis der eucharistischen Anbetung die erzchristliche Glaubensüberzeugung zum Ausdruck zu bringen, daß Christus seiner Kirche bis ans Ende der Zeiten treu bleibt und daß die Eucharistie solange nicht aufhört, wie die Kirche lebt und glaubt. Diese Praxis zerstört denn auch den Lebenszusammenhang, der zwischen Eucharistie und Kirche besteht, keineswegs, sondern verstärkt und vertieft ihn. Zugleich bringt sie die tröstliche Verheißung Christi, daß er «bei euch alle Tage bis zum Ende der Welt» (Mt 28,20) bleibt, zu lebendigem Ausdruck.

- Unter dem Gemeinschaftsaspekt der Eucharistie muß schließlich die Aufmerksamkeit darauf gerichtet werden, daß das Herrenmahl einen elementaren *ökumenischen Dreiklang* aufweist: Es ist erstens *Eucharistie,* nämlich vertikale Gemeinschaft der Glaubenden mit Tod und Auferweckung Jesu Christi, zweitens *Abendmahl,* nämlich horizontale Gemeinschaft der Glaubensgeschwisterlichkeit unter den christlichen Zeitgenossen, und drittens *Kommunion,* nämlich diagonale Gemeinschaft mit den Heiligen aller Zeiten und aller Orte. Dem Kenner der verschiedenen Traditionen dürfte sofort auffallen, daß bei dieser Charakterisierung des unabdingbar theologischen Dreiklanges des Herrenmahles[67] bewußt traditionellerweise konfessionell besetzte Begriffe verwendet werden: Das Wort «Eucharistie» ist vor allem in der *orthodoxen* Tradition beheimatet, das Wort «Abendmahl» ist charakteristisch für die *reformatorische* Tradition, und das Wort «Kommunion» ist vor allem in der *katholischen* Tradition geläufig.

Mit dieser konfessionsspezifischen Zuspitzung dürfte deutlich werden, daß keine dieser drei Traditionen für sich allein die ganze Geheimnisfülle des eucharistischen Sakramentes auszuloten vermag, daß vielmehr alle Traditionen darauf angewiesen sind, voneinander zu lernen, um sowohl ein volles Verständnis des Herrenmahles als auch seine glaubwürdige Praxis wiederzugewinnen. Denn nirgendwo tritt die bis auf den heutigen Tag fortdauernde Kirchenspaltung unerträglicher in Erscheinung als im Ausschluß von jener eucharistischen Gemeinschaft, die von Jesus Christus selbst als Feier der Einheit der Glaubenden untereinander begründet worden ist. Und nirgendwo wird der Skandal der nach wie vor bestehenden Kirchentrennung so drastisch sichtbar wie in der noch immer ausstehenden eucharistischen Gemeinschaft der Christen.[68] Das

Abendmahl gemeinsam zu feiern, dazu drängt aber nicht nur die Zeit, sondern auch die Sache selbst, soll die Eucharistie wirklich Zeichen und Werkzeug, mithin Sakrament der Einheit und der Gemeinschaft der Christen auf eine glaubwürdige Art und Weise sein.

IV. Eucharistie und christliches Leben

Von daher ergeben sich von selbst auch die ethischen Dimensionen der Eucharistie, die im abschließenden vierten Gedankengang wenigstens noch kurz skizziert werden sollen. Wenn sich nämlich das Abendmahl Jesu als Bundesschluß versteht, dann ist auch im Neuen Bund die Bundeserneuerung keineswegs überflüssig, sondern für ihn geradezu kennzeichnend, wie der Wiederholungsbefehl der Abendmahlsworte überdeutlich macht.[69] Deshalb hat auch und gerade die Eucharistiefeier Anteil an der Dramatik des Geschicks Jesu selbst. Denn sie ist nicht irgendein liturgisches Spiel, sondern die Darstellung und Gegenwärtigsetzung des Heilsdramas in Christus und fordert deshalb die an ihr teilnehmenden Christen zur Entscheidung heraus. Daher betont der katholische Innsbrucker Dogmatiker *Raymund Schwager* mit Recht: «Die Liturgie ist folglich nicht nur Darstellung einer Dramatik; als wirksame Vergegenwärtigung löst sie einen Gerichtsprozeß aus und provoziert Entscheidungen, die in die innerste Tiefe der Beteiligten eingreifen.»[70]

Wenn nämlich Jesus Christus seine Tischgemeinschaft mit den Christen äußerst verbindlich meint, dann sind auch sie berufen und verpflichtet, sich ihre Antwort auf seine zärtlich-intime Berührung etwas sehr Verbindliches kosten zu lassen. Wenn Jesus Christus als Zeichen seiner unbeirrbar verbindlichen Treue die heilsame Erfahrung der Tischgemeinschaft schenkt, in der er sich selbst als Lebensopfer darbietet, dann steht es den Christen gut an, wenn auch sie diese befreiende Erfahrung in eine sehr verbindliche Tischgemeinschaft ausmünden lassen, damit ihre eucharistische Tischgemeinschaft wahrhaft mündig zu werden vermag in einer ebenso verbindlichen und solidarischen Lebensgemeinschaft im Alltag. Denn wenn sie in der Feier der Eucharistie Anteil erhalten an dem einen und gemeinsamen Brot des Lebens, können sie sich nachher nicht wiederum als «Eigenbrötler» – auch nicht als national(istisch)e «Eigenbrötler» – präsentieren.

Jede Tendenz zur Absonderung und Trennung, zur Vereinzelung und Privatisierung widerstreitet insofern der wirklichen Gegenwart Jesu Christi in der Eucharistie. Seine Gegenwart ist vielmehr erst dort geglaubt und wirklich angenommen, wo die Christen in der Feier der Eucharistie sich selbst in seine Existenzweise hineinnehmen und sich zu seinem «Leib» verwandeln lassen. Mit Recht muß man deshalb die Tatsache, daß der Evangelist Lukas den Hinweis auf den Verräter Judas unvermittelt auf die Einsetzungsworte Jesu folgen läßt, als bleibende

Warnung vor einem gefährlichen Sakramentalismus deuten, der die ethische Bewährung der eucharistischen Gemeinschaft im alltäglichen Leben vernachlässigt.

An die Gegenwart Jesu Christi in der Feier der Eucharistie kann man deshalb nur glauben, wenn sie für die alltägliche Lebenspraxis der Christen verbindliche Konsequenzen zeitigt.[71] Denn die Erfahrung seiner Gegenwart in der Eucharistie erweist sich als die tiefste Quelle der solidarischen Gemeinschaft der Menschen untereinander. Sie nährt die an ihr Teilnehmenden zu nichts weniger als zur Liebe, wie der katholische Theologe *Johann B. Metz* mit bestem Recht betont: «Das eucharistische ‹Brot des Lebens› ernährt uns zur Liebe. Es will die Liebe zurückbringen ins herrscherliche Leben, will uns den verinnerlichten Kapitalismus, das Reißen und Entreißen austreiben … Wo Christen sich wahrhaft von der Speise dieser Liebe nähren, wird ihre eucharistische Gemeinschaft zum Symbol und zum Anstoß einer neuen unerhörten Praxis des Teilens und Verteilens.»[72] Und indem das Brot des Lebens empfänglich macht für den Tod mitten im Leben, empfänglich für das Leiden und die Leidenden und empfänglich für Trauer und Angst, stiftet es die, die sich von ihm nähren, zu einer «Art ‹anthropologischer Revolution›» an, die «gerade die nichtherrscherlichen Tugenden an die Macht bringen und in diesem Zusammenhang übrigens auch unsere Gesellschaft von der reinen Männerkultur befreien» will[73].

Diese anthropologische Revolution, zu der die Feier der Eucharistie anstiftet, besteht im Kern darin, daß derjenige, der in der Eucharistie mit dem einen lebendigen Herrn in Berührung kommt, auch eine Umwandlung seiner Beziehungen zu den Mitmenschen erleben wird, genauso wie umgekehrt eine neue Kultur der Solidarität und eine neue Zivilisation der Liebe ihre entscheidende Gebärmutter im eucharistischen Geheimnis finden. In dieser Sinnrichtung stellt Papst *Johannes Paul II.* einen Lebenszusammenhang her zwischen dem Kerngeheimnis der Eucharistie und der öffentlichen und politischen Verantwortung der Christen, wenn er in seiner Enzyklika «Über die soziale Sorge der Kirche» schreibt: «Wir alle, die an der heiligen Eucharistie teilnehmen, sind dazu aufgerufen, durch dieses Sakrament den tieferen Sinn unseres Handelns in der Welt für Entwicklung und Frieden zu entdecken und hier die Kräfte zu empfangen, um uns immer großherziger nach dem Beispiel Christi, der in diesem Sakrament ‹stets das Leben für seine Freunde gibt› (vgl. Joh 15,13), einzusetzen.»[74]

Dieser Lebenszusammenhang zwischen der Eucharistie und der öffentlichen Verantwortung der Christen kommt in der Liturgie vor allem darin zum Ausdruck, daß im Mittelpunkt der Eucharistie der Friedensgruß steht. In ihm schenkt Christus seinen Frieden, einen Frieden, den die Menschen sich selbst nicht geben können, wie die erbärmlichen Ereignisse in der heutigen Welt, aber auch die Katakomben des eigenen Herzens zur Genüge zeigen. Wer aber dieses großartige Geschenk des Friedens Christi empfängt, ist dann freilich berufen und in die Pflicht genommen, diesen Frieden am Tatort seines Lebens weiterzugeben und ihm so zu dienen, daß er in der heutigen Welt eine Chance bekommt. Deshalb mündet der Friedensgruß am Schluß der Eucharistiefeier in die Friedenssendung: «Gehet hin in Frieden!» Vielleicht war früher dieser Zusammenhang noch deutlicher, als es in lateinischer Sprache hieß: «Ite, missa est», was auf gut deutsch bedeutet: «Jetzt ist genug gebetet und gelobt, jetzt geht an die Arbeit und verwirklicht eure Sendung in der Welt! Jetzt ist die Zeit der Mission!»

Friedensgruß und Friedenssendung in der Eucharistie sind gleichsam die beiden Brennpunkte der Ellipse des christlichen Glaubens und kirchlichen Lebens. Deshalb will die Eucharistie die Christen dazu befähigen, gottesdienstliche Sammlung und öffentlich-weltliche Sendung wiederum als Einheit zu begreifen. Um diese innigste Einheit von Empfangen und Geben oder von Kontemplation und Aktion zu leben, braucht es aber eine tiefe eucharistische Spiritualität, die im gläubigen Bewußtsein lebt und sich vollzieht, daß die Eucharistie die «Summe des christlichen Heilsmysteriums»[75] ist, angefangen von der Schöpfung über die in der Erlösung kulminierende Heilsgeschichte bis zur eschatologischen Neuschöpfung des Menschen und der ganzen Welt. In diesem Sinne ist die Eucharistie wirklich Quelle und Höhepunkt, ja der Mittelpunkt des christlichen Glaubens und des kirchlichen Lebens.

Anmerkungen

1 Sacrosanctum Concilium, Nr. 10.
2 Ebda., Nr. 48.
3 M. B. Merz, Die innere Dynamik der Meßfeier. Liturgietheologische Gedanken, in: H. Schützeichel (Hrsg.), Die Messe. Ein kirchenmusikalisches Handbuch (Düsseldorf 1991) 40–48, zit. 41.
4 Sacrosanctum Concilium, Nr. 50.
5 Vgl. dazu A. Bugnini, Die Liturgiereform 1948–1975. Zeugnis und Testament (Freiburg i. Br. 1988).
6 O. H. Pesch, Das Zweite Vatikanische Konzil (1962–1965). Vorgeschichte. Verlauf – Ergebnisse. Nachgeschichte (Würzburg 1993) 105.
7 J. H. Eminghaus, Die Messe. Wesen – Gestalt – Vollzug (Klosterneuburg 1992. 5. Auflage) 151.
8 Johannes Paul II., Vicesimus Quintus Annus, Nr. 2 und 4.
9 K. Richter, Liturgiereform als Mitte einer Erneuerung der Kirche, in: Ders. (Hrsg.), Das Konzil war erst der Anfang. Die Bedeutung des II. Vatikanums für Theologie und Kirche (Mainz 1991) 53–74, zit. 71.
10 Sacrosanctum Concilium, Nr. 7.
11 H.-J. Klauck, Präsenz im Herrenmahl. 1 Kor 11,23–26 im Kontext hellenistischer Religionsgeschichte, in: Ders., Gemeinde, Amt, Sakrament. Neutestamentliche Perspektiven (Würzburg 1989) 313–330, bes. 325–330. Vgl. ferner Ders., Herrenmahl und hellenistischer Kult. Eine religionsgeschichtliche Untersuchung zum ersten Korintherbrief (Münster 1986).
12 Vgl. J. Betz, Die Eucharistie in der Zeit der griechischen Väter. Band I/1 (Freiburg i. Br. 1955) 319.
13 M. Kunzler, Die Liturgie der Kirche = AMATECA. Lehrbücher zur katholischen Theologie. Band X (Paderborn 1995) 285.
14 Vgl. dazu St. Schmid-Keiser, Aktive Teilnahme. Krite-

rium gottesdienstlichen Handelns und Feierns. Zu den Elementen eines Schlüsselbegriffs in Geschichte und Gegenwart (Bern 1985).

15 E. J. Lengeling, Liturgie – Dialog zwischen Gott und Mensch. Hrsg. von K. Richter (Freiburg i. Br. 1981) 13–15.

16 Sacrosanctum Concilium, Nr. 26.

17 M. Kunzler, a. a. O. (vgl. Anm. 13) 293.

18 J. Kardinal Ratzinger, «Im Angesicht der Engel will ich dir singen». Regensburger Tradition und Liturgiereform, in: Ders., Ein neues Lied für den Herrn. Christusglaube und Liturgie in der Gegenwart (Freiburg i. Br. 1995) 165–186, zit. 170.

19 Ebda. 171.

20 O. Nussbaum, Die Liturgie als Gedächtnisfeier, in: J. Schreiner (Hrsg.), Freude am Gottesdienst. Aspekte ursprünglicher Liturgie (Stuttgart 1983) 201–214, zit. 211–212.

21 Katechismus der Katholischen Kirche, Nr. 1188.

22 E.-M. Faber, Kirche – Gottes Weg und die Träume der Menschen (Würzburg 1994) 100.

23 Vgl. dazu K. Koch, Wenn das Essen heilig ist. Fragmente zur humanen Würde der heiligen Eucharistie, in: Ders., Gottlosigkeit oder Vergötterung der Welt? Sakramentale Gotteserfahrungen in Kirche und Gesellschaft (Zürich 1992) 273–298, bes. 288–293: Sakramentale Vergegenwärtigung einer heiligen Tötung.

24 Vgl. vor allem G. Bätzing, Die Eucharistie als Opfer der Kirche nach Hans Urs von Balthasar (Einsiedeln 1986); K. Rahner / A. Häussling, Die vielen Messen und das eine Opfer (Freiburg i. Br. 1966); Th. Schneider, Deinen Tod verkünden wir. Gesammelte Studien zum erneuerten Eucharistieverständnis (Düsseldorf 1980), bes. 209–259: Gedächtnis seines Todes.

25 W. Kasper, Einheit und Vielfalt der Aspekte der Eucha-

ristie. Zur neuerlichen Diskussion um Grundgestalt und Grundsinn der Eucharistie, in: Ders., Theologie und Kirche (Mainz 1987) 300–320, zit. 306.

26 Der Heidelberger Katechismus, Frage 80: «Und ist also die Messe im Grunde nichts anderes als eine Verleugnung des einzigen Opfers und Leidens Jesu Christi und eine vermaledeite Abgötterei.»

27 Vgl. dazu F. Pratzner, Messe und Kreuzesopfer. Die Krise der sakramentalen Idee bei Luther und in der mittelalterlichen Scholastik (Wien 1970).

28 M. Josuttis, Der Weg in das Leben. Eine Einführung in den Gottesdienst auf verhaltenswissenschaftlicher Grundlage (München 1991) 258.

29 Ebda. 260.

30 Vgl. E. Hönig, Die Eucharistie als Opfer nach den neueren ökumenischen Erklärungen (Paderborn 1989); K. Lehmann / E. Schlink (Hrsg.), Das Opfer Jesu Christi und seine Gegenwart in der Kirche. Klärungen zum Opfercharakter des Herrenmahles (Freiburg i. Br. / Göttingen 1983).

31 K. Lehmann / W. Pannenberg (Hrsg.), Lehrverurteilungen – kirchentrennend? Band I. Rechtfertigung, Sakramente und Amt im Zeitalter der Reformation und heute (Freiburg i. Br. / Göttingen 1986) 91.

32 J. Betz, Der Opfercharakter des Abendmahls im interkonfessionellen Dialog, in: Theologie im Wandel (München 1967) 469–491.

33 W. Kasper, a. a. O. (vgl. Anm. 25) 307.

34 Vgl. dazu H. U. von Balthasar, Die Messe ein Opfer der Kirche?, in: Ders., Spiritus Creator = Skizzen zur Theologie III (Einsiedeln 1967) 166–217.

35 Th. Schneider, Zeichen der Nähe Gottes. Grundriß der Sakramententheologie (Mainz 1979) 168.

36 H. Kessler, Das Kreuz und die Auferstehung, in: H. Schmidinger (Hrsg.), Jesus von Nazaret = Salzbur-

ger Hochschulwochen 1994 (Graz 1995) 149–184, zit. 182.

37 Vgl. dazu E. Keller, Eucharistie und Parusie. Liturgie- und theologiegeschichtliche Untersuchungen zur eschatologischen Dimension der Eucharistie anhand ausgewählter Zeugnisse aus frühchristlicher und patristischer Zeit (Freiburg Schweiz 1989); G. Wainwright, Eucharist and Eschatology (New York 1981).

38 M. Kehl, Eschatologie (Würzburg 1986) 45.

39 «Darum, gütiger Vater, feiern wir das Gedächtnis deines Sohnes. Wir verkünden sein heilbringendes Leiden, seine glorreiche Auferstehung und erwarten seine Wiederkunft.»

40 «Bis ans Ende der Zeiten versammelst du dir ein Volk, damit deinem Namen das reine Opfer dargebracht werde vom Aufgang der Sonne bis zum Untergang.»

41 «Er mache uns auf immer zu einer Gabe, die dir wohlgefällt, damit wir das verheißene Erbe erlangen mit deinen Auserwählten, mit der seligen Jungfrau und Gottesmutter Maria, mit deinen Aposteln und Märtyrern und mit allen Heiligen, auf deren Fürsprache wir vertrauen.»

42 «Erbarme dich (aller) unserer verstorbenen Brüder und Schwestern und aller, die in deiner Gnade aus dieser Welt geschieden sind. Nimm sie auf in deine Herrlichkeit. Und mit ihnen laß auch uns, wie du verheißen hast, zu Tische sitzen in deinem Reich.»

43 M. Kehl, a. a. O. (vgl. Anm. 38) 48.

44 Gotteslob, Nr. 656, 1. Strophe.

45 Vgl. dazu genauer K. Koch, Gastfreundschaft als bestechendes Erkennungszeichen des Christentums, in: A. Schifferle (Hrsg.), Verantwortung und Freiheit. Vocation spirituelle de l'Université. Beiträge zur geistigen Situation der Zeit. Aus Anlaß des 100jährigen Bestehens der «Gelehrtenrepublik» Freiburg Schweiz (Freiburg Schweiz 1990) 355–386.

46 Vgl. dazu K. Koch, Weltende als Erfüllung und Vollendung der Schöpfung, in: J. Pfammatter und E. Christen (Hrsg.), Hoffnung über den Tod hinaus = Theologische Berichte XIX (Zürich 1990) 139–179.
47 K. Rahner, Zur Theologie des Gottesdienstes, in: Schriften zur Theologie XIV (Zürich 1980) 227–237, zit. 237.
48 E. Benz, Schöpfungsglaube und Endzeiterwartung (München 1965), bes. 243ff.
49 DH 1642.
50 Vgl. E. Schillebeeckx, Die eucharistische Gegenwart. Zur Diskussion über die Realpräsenz (Düsseldorf 1968).
51 J. Kardinal Ratzinger, Eucharistie – Mitte der Kirche. Vier Predigten (München 1978) 59–60.
52 A. Gerken, Theologie der Eucharistie (München 1973) 125.
53 B. Welte, Diskussionsbeitrag in: M. Schmaus (Hrsg.), Aktuelle Fragen zur Eucharistie (München 1960) 184–195.
54 J. Ratzinger, Das Problem der Transsubstantiation und die Frage nach dem Sinn der Eucharistie, in: Tübinger Theologische Quartalschrift 147 (1967) 129–158, zit. 154.
55 Ebda. 153f.
56 Vgl. dazu J. Kardinal Ratzinger, Kommunion – Kommunität – Sendung. Über den Zusammenhang von Eucharistie, Gemeinschaft (Gemeinde) und Sendung in der Kirche, in: Ders., Schauen auf den Durchbohrten. Versuche zu einer spirituellen Christologie (Einsiedeln 1984) 60–84.
57 Vgl. Th. Schneider, Wir sind sein Leib. Meditationen zur Eucharistie (Mainz 1977).
58 Vgl. dazu H. Feld, Das Verständnis des Abendmahls (Darmstadt 1976); R. Feneberg, Christliche Passafeier und Abendmahl. Eine biblisch-hermeneutische Untersuchung der neutestamentlichen Einsetzungsberichte (Mün-

chen 1971); H. Kahlefeld, Das Abschiedsmahl Jesu und die Eucharistie der Kirche (Frankfurt a. M. 1980); H. Patsch, Abendmahl und historischer Jesus (Stuttgart 1972); R. Pesch, Wie Jesus das Abendmahl hielt. Der Grund der Eucharistie (Freiburg i. Br. 1977).

59 Augustinus, Sermo 272.

60 Augustinus, In Joann. tr. 26, c. b. n. 13.

61 Zit. bei Th. Schneider, a. a. O. (vgl. Anm. 57) 74.

62 W. Kasper, a. a. O. (vgl. Anm. 25) 316.

63 H. de Lubac, Corpus mysticum. Kirche und Eucharistie im Mittelalter (Einsiedeln 1969).

64 Lumen Gentium, Nr. 7.

65 E. Käsemann, Anliegen und Eigenart der paulinischen Abendmahlslehre, in: Ders., Exegetische Versuche und Besinnungen. Band 1 (Göttingen 1960) 11–34, zit. 34.

66 Vgl. G. L. Müller, Gemeinschaft und Verehrung der Heiligen. Geschichtlich-systematische Grundlegung der Hagiologie (Freiburg i. Br. 1986).

67 Vgl. J. M. Lochmann, Das Glaubensbekenntnis. Grundriß der Dogmatik im Anschluß an das Credo (Gütersloh 1982) 176–177.

68 Vgl. K. Koch, Gelähmte Ökumene. Was jetzt zu tun ist (Freiburg i. Br. 1991), bes. 213–237: Geeint im Glauben – getrennt am Tisch? Überlegungen zum ökumenischen Problem der eucharistischen Gemeinschaft.

69 Vgl. dazu J. Ratzinger, Der Neue Bund. Zur Theologie des Bundes im Neuen Testament, in: Internationale Katholische Zeitschrift 24 (1995) 193–208.

70 R. Schwager, Jesus im Heilsdrama. Entwurf einer biblischen Erlösungslehre (Innsbruck 1990) 287.

71 Vgl. dazu G. L. Müller, Laßt uns mit ihm gehen. Eucharistiefeier als Weggemeinschaft (Freiburg i. Br. 1990).

72 J. B. Metz, Brot des Überlebens. Das Abendmahl der Christen als Vorzeichen einer anthropologischen Revolution, in: Ders., Jenseits bürgerlicher Religion. Reden

über die Zukunft des Christentums (München – Mainz 1980) 51–69, zit. 58f.
73 Ebda. 61
74 Johannes Paul II., Sollicitudo Rei Socialis, Nr. 48.
75 W. Kasper, a. a. O. (vgl. Anm. 25) 318.

Joachim Müller

Die Sehnsucht nach der gemeinsamen Feier der Eucharistie

Ökumenische Perspektiven

Die ökumenische Konsultation 1997 in Graz und die Ankündigung eines ökumenischen Kirchentages in Deutschland in den Jahren 2002 bis 2004 haben die Diskussion über ein Thema neu entfacht, um das es in den letzten Jahren still geworden ist: das Gespräch um die Zulassung evangelischer und katholischer Christen zum Herrenmahl. Deutlich wird in dieser Diskussion, daß einerseits die theologisch-kirchenpolitischen, andererseits die seelsorgerlichen Fragestellungen auf zwei Ebenen stattfinden: Das geschieht einmal auf der Ebene der kirchlichen Hierarchie, auf der mit einer theologischen Diskussion um das Pro und Contra gerungen wird; das geschieht andererseits auf der Ebene des Kirchenvolkes, das in ökumenischer Ungeduld meist verständnislos für die theologischen Argumente von «Oben» von einer «ökumenischen Eiszeit» spricht und in der gelebten Alltagspraxis oft die kirchentrennenden Gegensätze und Grenzen überspringt, um – erlaubt oder nicht erlaubt –, durch konfessionsverschiedene Ehen und Familien geprägt sowie in ökumenischen Arbeitsgruppen und kirchenübergreifend in Sozialdiensten in beiden Kirchen engagiert, am Abendmahl der evangelischen Kirchen und an der Eucharistiefeier der katholischen und seltener bei der orthodoxen Kirche teilzunehmen, ohne das Gefühl zu haben, dabei unredlich zu sein. Gerade die in den Kirchen aktiven Christen sind es, die zu dieser zweiten Gruppe gehören und verständnislos gegenüber dem Stocken des ökumenischen Prozesses den Schritt «zu weit» gehen, es eben nicht beim notwendigen Ärgernis der Trennung und des immer noch nicht Eins-Seins bewenden lassen wollen. Im Gespräch zeigt sich jedoch auch, daß theologische Inhalte wie historische Entwicklungen um das Abendmahl / die Eucharistie, die zu diesen Inhalten geführt haben, immer weniger bekannt sind. In diesem Artikel sollen daher solche Begriffe geklärt und Entwicklungen sichtbar gemacht werden.

Abendmahl – Eucharistie – Herrenmahl

Trotz des unterschiedlichen Stellenwertes gehört zusammen mit der Taufe die Eucharistie / das Abendmahl zu den Sakramenten, die für die christlichen Kirchen als konstitutiv für das kirchliche wie das gottesdienstliche Leben gelten. Deutlich hebt das «Ökumenische Direktorium zur Ausführung der Prinzipien und Normen über den Ökumenismus» (Vatikan 1993) hervor, daß «die Sakramente, besonders die Eucharistie, Quellen der Einheit der christlichen Gemeinde und des geistlichen Lebens und die Mittel, sie aufzubauen» (129) sind. Der Päpstliche Rat zur Förderung der Einheit der Christen verweist jedoch darauf, daß «die eucharistische Gemeinschaft untrennbar an die *volle* kirchliche Gemeinschaft und deren sichtbaren Ausdruck gebunden» (129) ist. Ähnlich deutlich formuliert finden wir diese Aussage in den Konvergenzerklärungen der Kommission für Glauben und Kirchenverfassung des Ökumenischen Rates der Kirchen wieder: «In der Eucharistie findet die Gemeinschaft des Volkes Gottes ihre volle Darstellung. Eucharistische Feiern haben es immer mit der ganzen Kirche zu tun, wie auch die ganze Kirche an jeder einzelnen Feier der Eucharistie beteiligt ist. Insofern als eine Kirche eine Verkörperung der ganzen Kirche zu sein beansprucht, wird sie Sorge tragen, ihr eigenes Leben so zu gestalten, daß dabei die Interessen und Anliegen von Schwesterkirchen ernst genommen werden» (Lima-Text 1982, 19).

In der Tradition der Kirchen versteht man unter Abendmahl/Eucharistie das von Christus eingesetzte gottesdienstliche Gemeinschaftsmahl als Gabe des Herrn an seine Kirche. Brot und Wein sind zeichenhafte Erinnerung an das Kreuzesopfer Christi, an seinen Leib und sein Blut, für die Menschen hingegeben. Kraft des Wortes Christi werden Brot und

Wein durch den Heiligen Geist zu Trägern der Gegenwart des gekreuzigten und auferstandenen Christus, heilswirkend für den, der sie im Glauben empfängt.

Während in der protestantischen Theologie vorwiegend der Begriff Abendmahl gebraucht wird, wird in den orthodoxen Kirchen, der römisch-katholischen Kirche und in der ökumenischen Theologie der frühkirchliche Begriff «Eucharistie» (Danksagung) verwendet. Mit ihm kommt nicht nur das zentrale Geschehen des Mahles ins Zentrum, sondern die gesamte liturgische Feier (mit Bekenntnis, Lobpreis und Opfer). In der neueren ökumenischen Diskussion greift man zunehmend auf den neutestamentlichen Begriff «Herrenmahl» oder «Mahl des Herrn» zurück.

Zu unterscheiden von Abendmahl/Eucharistie ist die «Agape (Liebesmahl)» als nichtsakramentale gemeinsame Mahlzeit im kleinen Kreis – die oft liturgisch gestaltet wird. Sie ist offen für Getaufte und Nichtgetaufte und kann der sakramentalen Feier des Abendmahls/der Eucharistie vorausgehen oder folgen. Der Feier dieser «Agapen» (auch Tischabendmahl; Feierabendmahl) als Zeichen «ökumenischer Ungeduld» begegnet man seit Anfang der sechziger Jahre. Sie knüpfen an die von Jesus geübte Tischgemeinschaft mit den unterschiedlichsten Menschen seiner Zeit an und erinnert weniger an das Abschiedsmahl mit seinen Jüngern. Auch steht dieses Mahl in Analogie zum – zunächst mit der Eucharistie verbundenen, seit dem 2. Jh. sich verselbständigenden – «Sättigungsmahl» in den christlichen Gemeinden, bei dem Mitmenschlichkeit und Gemeinschaftsbildung wichtig waren.

Das Abendmahl / die Eucharistie ist für die Frage nach Einheit und Gemeinschaft der Kirche von besonderer Bedeutung, da seit frühchristlicher Zeit die Auffassung herrscht, daß Abendmahls-/Eucharistiegemeinschaft und Kirchengemeinschaft in Korrelation stehen. Die Frage einer Herrenmahlsgemeinschaft gab es damals nicht. Der Empfang des Herrenmahls bei der anderen christlichen «Religionspartei» war der Ritus der Konversion. So haben vor allem seit der Reformation des 16. Jahrhunderts die Unterschiede im theologischen Verständnis und in der gottesdienstlichen Praxis sich bis heute als kirchentrennend erwiesen.

Ein Blick in die Geschichte

Die Unterschiede im Abendmahls/Eucharistieverständnis und der Abendmahls/Eucharistiepraxis werden in den katholischen, orthodoxen und reformatorischen Kirchen durch folgende Streitpunkte bestimmt:
- Wie wird die Wirklichkeit der Gegenwart Christi im Abendmahl/Eucharistie verstanden?
- Welcher Bezug besteht zwischen dem Abendmahl / der Eucharistie und dem einmaligen Versöhnungsopfer Christi?

- Wie ist das kirchliche Amt bei der Abendmahlsfeier/Eucharistiefeier zu verstehen?
- Wie wird das Abendmahl/die Eucharistie vollzogen?

Die Wirklichkeit der Gegenwart Christi im Abendmahl/Eucharistie und der Bezug zum einmaligen Versöhnungsopfer Christi

Bedingt durch die Diskussion, die Soterichos Panteugenes in der byzantinischen Kirche angeregt hat, der die Meinung vertrat, daß Christus sich in der Liturgie nicht wahrhaft, sondern nur bildlich und symbolisch opfert, wurde dessen Lehre auf zwei Synoden 1156 und 1158 verurteilt. Man wies auf die liturgische Formel hin: «Du bist derjenige, der sich darbringt, der dargebracht wird und der empfangen wird»; positiv wird formuliert: «Das Opfer, das damals geopfert wurde und heute geopfert wird, wurde damals und wird heute als ein einziges Opfer von dem menschgewordenen Logos dargebracht» (PG 140, 189).

Die Frage der Realpräsenz greift auch das Laterankonzil IV auf, das 1215 den Begriff «Transsubstantiari» für die substantielle Verwandlung von Brot und Wein verwendet. Das Tridentinum greift in seiner Transsubstantiationstheorie auf diese Aussage zurück: Der Glaube der Kirche bekennt die «wahrhafte, wirkliche und substanzhafte» Gegenwart Christi im Sinne einer Wesenverwandlung von Brot und Wein und lehnt eine Präsenz «lediglich wie in einem Zeichen bzw. Abbild oder der Wirkkraft nach» ab (DS 1651). Ebenso betont sie, daß in jeder Eucharistie «ein wahres und eigentliches Opfer dargebracht» (DS 1751) wird, das «ein wirkliches Sühnopfer» (DS 1753) ist und bewirkt, daß wir Barmherzigkeit erlangen und Gnade finden.

Theologen der orthodoxen Kirche lehnen dagegen den Begriff «Transsubstantiatio» ab, da er dem patristischen «Metabole» nicht entspreche. Zizioulas verweist dabei auch auf die pneumatologische Perspekte der Eucharistie.

Martin Luther beabsichtigt 1520 in seiner Schrift «De captivitate Babylonica», die Messe aus der «Gefangenschaft» des durch einen Priester dargebrachten Opfers zu befreien, und noch im Schmalkaldischen Artikel 1537 bezeichnet er die Messe, verstanden als «Opfer und Werk», als das «größte und schrecklichste Greuel». Hintergrund bildet die Ablehnung des Opfercharakters der Messe, da die Reformatoren darin eine Infragestellung des einmaligen Kreuzesopfers Christi sahen. Doch kann Luther dem Abendmahl als «Lobopfer» der Gemeinde durchaus eucharistischen Charakter zugestehen. In der Frage der Realpräsenz Christi im Abendmahl/Eucharistie besteht zwischen Luther und der römisch-katholischen Lehre trotz der Ablehnung der Transsubstantation und der Verehrung «extra usum» durch Luther eine sachliche Nähe. So behält er bei der liturgischen Neugestaltung (Formula missae 1523; Deutsche Messe 1526) zwar nur die

Einsetzungsworte bei wie auch die Worte beim Empfang der Gaben durch den Kommunikanten, bekennt jedoch – in Abgrenzung zu Zwingli – von der Gegenwart Christi: «vere et substantialiter».

In der evangelisch-reformierten Tradition, geprägt durch die Auseinandersetzung mit dem lutherischen Verständnis der Realpräsenz, liegt die Betonung vor allem Zwinglis stärker auf dem Bekenntnis und dem Gedächtnis Christi, das im Abendmahl begangen wird. Calvin geht in seinen Überlegungen über Zwingli hinaus; er lehrt eine durch den Hl. Geist vermittelte Gegenwart Christi für den Glauben parallel zu Essen und Trinken von Brot und Wein (Inst. IV, 17; Heidelberger Katechismus, Fragen 78f.). Wie bereits bei Luther wird jedoch die Messe als vom Priester darzubringendes Sühnopfer scharf abgelehnt (Inst. IV, 18; Heidelberger Katechismus, Frage 80). Dennoch ist in diesen Fragen um das Abendmahlverständnis die Einheit der protestantischen Bewegung zerbrochen.

In der Auseinandersetzung mit der Reformation wurde die Eucharistie von den orthodoxen Kirchen als Opfer sowie die wahre Präsenz des Herrn unter den Gestalten von Brot und Wein verteidigt (so von Jeremias II, Petrus Mogilas, Dositheos und Karmiris); so wurde das Eucharistieverständnis der orthodoxen Kirchen und der römisch-katholischen Kirche immer auf einem gemeinsamen ekklesiologischen und sakramentalen Fundament gesehen.

Ökumenischer Dialog

Der ökumenische Dialog in der zweiten Hälfte dieses Jahrhunderts hat einen wesentlichen Konsens gebracht: Christus «schenkt sich ... in seinem für alle dahingegebenen Leib und Blut durch sein verheißendes Wort mit Brot und Wein» (so im lutherisch-reformierten Dialog, Leuenberger Konkordie 15); er ist «mit seinem Leib und Blut unter dem Zeichen von Brot und Wein gegenwärtig» (Katholisch-Lutherischer Dialog: Das Herrenmahl, 16). Auch die Kommission für Glaube und Kirchenverfassung formuliert: «Die Worte und Handlungen Christi bei der Einsetzung der Eucharistie stehen im Mittelpunkt der Feier, das eucharistische Mahl ist das Sakrament des Leibes und Blutes Christi, das Sakrament seiner wirklichen Gegenwart (Realpräsenz) ... Die Kirche bekennt Christi reale, lebendige und handelnde Gegenwart in der Eucharistie» (Limatext 1982, 13). So scheint heute ein ökumenischer Konsens darüber zu herrschen, daß die Gegenwart Christi im Abendmahl/Eucharistie zu verstehen ist als eine Gegenwart der Person unter Wahrung der Leibhaftigkeit seines Personseins und seiner Gegenwart.

Dennoch bleibt ein großer Unterschied bei der Erlaubnis der Teilnahme. Vielfach wird vergessen, daß in diesen Fragen um das Abendmahl auch die Einheit der protestantischen Bewegung zerbrochen ist; erst 1973 wurde durch die Leuenberger Konkordie die Kanzel- und Altargemeinschaft wieder aufgenommen. Sie ermöglicht die Abendmahlsgemeinschaft unter den lutherischen, den unierten und den reformierten Kirchen Europas, und diese Beschlüsse wirkten sich auch auf andere geographische Bereiche aus. So hat die Bischofskonferenz der VELKD 1975 sich unter Wahrung des Grundsatzes von der Korrelation zwischen voller Abendmahlsgemeinschaft und Kirchengemeinschaft für die «Ermöglichung einer wechselseitigen Teilnahme am Abendmahl in Ausnahmefällen (z. B. konfessionsverschiedene Ehen, ökumenische Gruppen)» zwischen Katholiken und Lutheranern ausgesprochen.

Bereits 1954 hatte jedoch der Reformierte Weltbund in seiner Vollversammlung – außerordentlich offen – formuliert: «Die Kirche (hat) das Sakrament des Abendmahls von Christus empfangen, und er ist es, der sich selbst den Glaubenden gibt. Der Tisch ist des Herrn, nicht unser. Wir glauben darum, daß wir nicht das Recht haben, einem Getauften, der Jesus Christus als Gott und Erlöser liebt und bekennt, das Sakrament zu verweigern.» So wird auch reformierten Gläubigen die Erlaubnis gegeben, an einer katholischen Eucharistiefeier teilzunehmen.

Von seiten der katholischen Kirche wird diese Gemeinschaft im sakramentalen Leben mit den Kirchen der reformierten Tradition jedoch nicht geteilt, auch wenn hierbei eine gewisse Öffnung im Rahmen des ökumenischen Prozesses stattfand. Zwar betont sie, daß «die katholische Kirche im allgemeinen den Zutritt zur eucharistischen Gemeinschaft … einzig jenen

Gläubigen, die mit ihr in der Einheit des Glaubens, des Gottesdienstes und des kirchlichen Lebens stehen» (Ökum. Direktorium 1993, 129) gewährt. Dennoch verweist dieses Direktorium darauf, daß «unter bestimmten Umständen, in Ausnahmefällen und unter gewissen Bedingungen» die Teilnahme von Christen anderer Kirchen und kirchlicher Gemeinschaften am Sakrament der Eucharistie gestattet werden kann. Neben der Spendung der Sakramente Buße, Eucharistie und Krankensalbung in Todesgefahr kann der Diözesanbischof – in Absprache mit der Bischofskonferenz – Normen aufstellen, die «dienlich sind, um zu beurteilen, welche Situationen als ernste und dringliche Notwendigkeiten zu bewerten sind» (130).

Anders findet die Einschätzung der Gemeinschaft im sakramentalen Leben der Eucharistie mit den verschiedenen orthodoxen (orientalischen) Kirchen durch die römisch-katholische statt: Nachdem eine «enge Gemeinschaft im Bereich des Glaubens» festgestellt wird, wird festgehalten, daß «diese Kirchen … trotz ihrer Trennung wahre Sakramente, vor allem – kraft der apostolischen Sukzession – das Priestertum und die Eucharistie» besitzen; daher wird es jedem Katholiken mit Einschränkungen erlaubt, «die Sakramente der Buße, der Eucharistie und der Krankensalbung von einem nichtkatholischen Spender einer Ostkirche zu empfangen» (Ökum. Direktorium 1993, 123) bzw. dürfen auch katholische Priester diese Sakramente «Mitgliedern der orientalischen Kirchen spenden, wenn diese von sich aus darum bitten und in rechter Weise disponiert sind» (125). Dabei wird darauf verwiesen, daß die orientalischen Kirchen durch ihr Kirchenverständnis strengere Ordnungen als die römisch-katholische haben können. Diese müssen von den Gläubigen beider Konfessionen beachtet werden, um jeden Anschein von Proselytismus zu vermeiden (125).

Die Frage des kirchlichen Amtes

In der Frage nach der Rolle des kirchlichen Amtes beim Abendmahl / der Eucharistie liegt einer der härtesten Streitpunkte. Hier sind sich die römisch-katholische und die orthodoxen Kirche(n) einig: «Nur jene Eucharistie gelte als legitim, die unter dem Bischof vollzogen wird oder durch den von ihm Beauftragten» (Ignatius; Vat. II, Lumen Gentium 26). Dieser Bischof muß in der apostolischen Amtssukzession stehen; daher haben nach katholischer Beurteilung die nichtkatholischen Kirchen «wegen des Fehlens des Weihesakramentes die ursprüngliche und vollständige Wirklichkeit des eucharistischen Mysteriums nicht bewahrt» (Vat. II, Unitatis redintegratio 22). Zwar wird auch in den meisten evangelischen und anglikanischen Kirchen – entsprechend geltender Bekenntnisse und Kirchenordnungen – das Abendmahl durch ordinierte Amtsträger gefeiert; wenn es jedoch durch einen «Nichtordinierten» vollzogen wird, ist damit weder die Legitimität noch die volle

Wirklichkeit in Frage gestellt, sofern der Vollzug des Abendmahls mit den Einsetzungsworten Jesu Christi geschieht. Auch steht die zeitlich begrenzte Beauftragung in evangelischen Kirchen für die Verwaltung des Abendmahls, die statt der Ordination möglich ist, im ernsten Gegensatz zur orthodoxen und katholischen Auffassung.

In der ökumenischen Diskussion stellt sich hier jedoch die berechtigte Frage, wie römisch-katholische und orthodoxe Theologen und Amtsträger ihre Gesprächspartner – Pastoren und Pastorinnen, Bischöfe und Bischöfinnen – als Amtsträger aus den evangelischen Kirchen wahr- und ernstnehmen, wenn sie ihnen bei ökumenischen Gesprächen gegenübersitzen. Welches Weiheverständnis wird für die Zukunft maßgebend sein und sich durchsetzen? Gleichzeitig ist neben dem unterschiedlichen Amtsverständnis auch und besonders die Diskussion um das Amt innerhalb der Kirchen, besonders innerhalb der römisch-katholischen Kirche seit und mit dem Zweiten Vatikanischen Konzil zu sehen. Themen wie die Ordination von Frauen und von Viri probati, Laien als Vorsteher der eucharistischen Gemeinschaft u. a. zeigen die Konflikte, die Aufbrüche und die Uneinheitlichkeit der Antworten auf die Fragen. Innerkirchlicher ökumenischer Dialog gerade um diese Streitpunkte wird immer dringlicher, da die kirchliche Basis immer weniger Geduld hat, die Frage zu akzeptieren, die Papst Johannes Paul II. in seiner Enzyklika «Daß alle eins seien» seinem Schlußkapitel voranstellt: «Wie lange ist der Weg, der noch vor uns liegt?» Heute und hier miteinander eucharistische Tischgemeinschaft feiern und dies nicht den Generationen danach zu überlassen, ist das Bestreben trotz aller konfessioneller Trennung, die als solche jedoch von der Basis, die selbst immer weniger konfessionelle Identität aufweist, kaum mehr wahrgenommen wird.

Ein Plädoyer für eine aktive Auseinandersetzung

In den letzten Jahren hat sich im Rahmen ökumenischer Begegnung in den deutschsprachigen Ländern unter Verwischung immer noch bestehender Unterschiede im «vorauseilenden Gehorsam» eine gottesdienstliche Praxis entwickelt, die vor allem gewichtige Unterschiede zwischen der evangelischen und der römisch-katholischen Kirche nicht beachtet (so die Feier ökumenischer Gottesdienste mit anschließendem Abendmahl/Eucharistiefeier, die Einladung an evangelische Gemeinden zur Eucharistiefeier und zum Empfang der Kommunion innerhalb der Meßfeier oder Interzelebrationsfeiern, bei denen der katholische Priester seinen evangelischen Kollegen einlud, abwechselnd das eucharistische Hochgebet / den Einsetzungsbericht zu übernehmen und mit ihm die Kommunion zu empfangen und den anwesenden Gläubigen beider Kirchen auszuteilen). Daher wird sowohl bei katholischen wie auch bei evangelischen

Teilnehmern der Eindruck erweckt, daß es tatsächlich bestehende Unterschiede zwischen den Kirchen nicht mehr gebe und die von allen ersehnte und erstrebte Einheit der Kirchen bereits erreicht sei. «Ökumenische Tranquilizer» (Kurt Koch) sind für den ökumenischen Dialog, der eine ausführliche Kenntnis des Lebens und der Lehre der Schwesternkirchen wie eine gemeinsame Glaubenserfahrung und damit das Ernstnehmen des Anderssein des Bruders und der Schwester voraussetzt, fehl am Platz.

Doch sollte die Diskussion um das Abendmahl / die Eucharistie aus der Sackgasse geholt werden, den Amtsträgern wie der Basis «ökumenische Beunruhigungspillen» (Kurt Koch) verabreicht werden, die nicht nur in der Feststellung des «eucharistischen Fastens» stehenbleiben, sondern begehbare Wege zu einem gemeinsamen Ziel erarbeiten. Dazu braucht es die Dynamik neuer Erfahrungen, nicht nur die kirchlichen Reservate von Ausnahmeregelungen; es ist notwendig, in einem neuen Problembewußtsein um das Heute die unterschiedlichen Fragen zu stellen und zu gewichten wie gemeinsame geistliche Erfahrungen auszutauschen und an ihnen zu wachsen. Dies hat Konsequenzen für eine Seelsorge, die Ökumene im Alltag ernst nimmt bis hin zum konfessionell-kooperativen Religionsunterricht, für das Traugespräch mit einem konfessionsverschiedenen Ehepaar, für die Arbeit konfessionsverschiedener Gemeinden am Ort. So kann die heute noch nicht erreichte, aber für die Zukunft gemeinsam erbetete, erhoffte und uneingeschränkte Gemeinschaft am Tisch des Herrn aus den Charismen entstehen, die jede Konfession je spezifisch hat und zur Entfaltung bringen soll.

Nur so kann das Zeugnis versöhnter Verschiedenheit in der Treue zur eigenen Tradition und im ökumenischen Engagement glaubhaft erbracht werden und zur Einheit in Christus hinführen.

Karl-Heinz Kritzer

«Messe ist für dann gut, wenn du tot bist»

Heute noch zur Eucharistie erziehen?

1. Vorbemerkungen

Dieses Volksschulkind, von dem der oben zitierte Satz stammt, verfügt über eine beachtliche Beobachtungsgabe. Nicht im Besitz der deutschen Muttersprache, antwortet es auf die Frage, wie es «Messe» erlebt oder erfährt.[1]

Ein Ausspruch zum Schmunzeln, der wohl nachdenklich machen muß. Die österreichische religiöse Praxis ist treffend wiedergegeben. Paul M. Zulehner bestätigt mit seinen Untersuchungen zur österreichischen Religiösität diese Situation.[2]

Wir erleben heute und das über Österreich hinaus ein marginales Christentum, d. h. in voller Freiheit wird vom einzelnen ausgesucht, was das eigene religiöse Leben ausmacht. Langgültige Lebenstraditionen zerbrechen, religiös geprägte Lebensmilieus werden radikal aufgegeben, religiöse Deutemuster verlieren zunehmend an Bedeutung. Die Besucherzahlen von Gottesdiensten sind dafür ein, wenn auch nicht ausschließlich wichtiges Indiz. Demnach lebt die Mehrheit der österreichischen Katholiken ein Festtagschristentum. Fünf Prozent Gottesdienstbesucher beim Sonntagsgottesdienst im städtischen Raum sind keine Seltenheit. Und dann erziehen wir unsere Kinder, wenn es altersmäßig anfällt (im 2./3. Schuljahr), hundertprozentig zur Eucharistie, im Rahmen der Erstkommunionvorbereitung.

Das erwähnte Volksschulkind deutet es wahrscheinlich an: Nur bei den Begräbnisfeierlichkeiten kommt der Christ mit der «Messe» in Berührung. Sind sie doch in der Großstadt der häufigste und mitunter einzige Anlaß, einen Gottesdienst zu besuchen.

Für die Gestaltung des sakramentalen Erziehungsprozesses ist es nicht unerheblich, wie die allgemeine religiöse Praxis ausfällt. Es ist höchste Zeit, sich ein realistisches Bild zu verschaffen, wie heute religiös bzw. sakramental gelebt wird. Welche Erwartungen gibt es im Zusammenhang mit der Feier der Erstkommunion von den betroffenen Kindern und deren Eltern? Welche Rolle nehmen unsere Gemeinden hinsichtlich der sakramentalen Erziehung ihrer Kinder ein? Oder wird sie einigen wenigen überantwortet, die es eben betrifft und die dafür im engeren Sinn zuständig sind: der Katechetin, dem Seelsorger – oder ist sie doch Sache der Mitglieder der Pfarrgemeinde?

Nach einer ehrlichen Bestandsaufnahme zur religiösen Lebenspraxis sind womöglich die Hinführung zu den Sakramenten und der sakramentale Alltag in unseren Gemeinden neu zu bestimmen. Nach einem Vorschlag von Kurt Koch sollten wir dann nicht zu schnell Rezepte verschreiben, nicht gleich mit der Therapie zur Hand sein. Er plädiert[3] für eine ausreichende Anamnese; anschließend kann eine Diagnose erstellt und dann erst eine Therapie in Erwägung gezogen werden. Rezepte allein helfen nicht, und ein grandioses Fest darf uns nicht den Gesamtblick verstellen.

Wenn wir hier mit einer medizinischen Methode an religiöse Gegebenheiten herangehen, dann ziehen wir einen Patienten «Eucharistie» in Betracht und vermuten, daß es in der eucharistischen Praxis zu behebende Mängel gibt. Trifft das zu, sollten wir uns einen Satz von Marcel Proust in Erinnerung rufen: «Die Krankheit ist der Arzt, den wir am meisten respektieren.» «Erkrankung» als Chance und nicht etwas, was uns zum Rückzug zwingt.

2. Sakramentale Grundpositionen

Für meine Ausführungen sind einige grundsätzliche Feststellungen zum Verständnis und zum Wert der Sakramente nötig:

Sakramente sind die bedeutendsten Lebensvollzüge unserer Kirche.

Mit ihnen wird die Liturgie der katholischen Kirche wesentlich gestaltet und gelebt.

Sakramente helfen Wendepunkte oder Knotenpunkte des Lebens verstehen, sind Deutemuster für offene Lebenssituationen, die jedes menschliche Leben betreffen können (Lebensbeginn, Krankheit, Lebensstand usw.) und einer besonderen Klärung und Begleitung bedürfen.

Sakramente werten die gesamte geschaffene Wirklichkeit auf. Sie bekommt dadurch ein neues Gewicht, einen besonderen Respekt und wird in einen personalen Bezug gebracht.

Die «Eucharistie» ist die zentrale Mitte des christlichen Lebens, mit ihr vollzieht sich das «Werk unserer Erlösung».[4]

Das Sakrament der Eucharistie signalisiert sehr gut die anthropologische Dimension der Sakramente. Menschliche Grunderfahrungen und Grundvorgänge werden sakramental verdichtet und gewinnen für das menschliche Leben besonderen Wert.

Wir erleben an diesem Sakrament die Notwendigkeit ständiger Weiterentwicklung und Reformen. Sicher steht die Grundsubstanz der Eucharistie außer Frage, es gibt aber, das zeigt die Geschichte des Sakramentes immer wieder, neue Akzente in der Gestaltung, im Verständnis, in der Wiederbelebung von längst Vergessenem. Der Weg zurück ist am wenigsten zielführend. Eucharistische Erneuerung muß zum Regelfall werden, und ich habe keine Angst, daß mit dieser sich ständig erneuernden Praxis das Wesentliche dieses Sakramentes zerstört werden könnte.

Es gibt sicher immer wieder die Auseinandersetzung um die Eucharistie. Das zeigt z. B. schon der korinthische Streit um das «richtige» Herrenmahl (1 Kor 11). Aus dem Bericht kann uns bewegen: Wir sollten immer wieder trachten, nur zum Nutzen und nicht zum Schaden in der Eucharistiefeier zusammenzukommen. Und unsere eucharistischen Zusammenkünfte dürften nie und nimmer zur Spaltung in der Gemeinde oder im Christentum führen.

3. Anamnese

Die heutige Fachliteratur zum Thema eucharistische Erziehung, die Modellkatechesen, Erstkommunionkursunterlagen u. ä. wissen um die Chancen und Probleme des eucharistischen Lebens in der heutigen Kirche. Sie bemühen sich zunehmend mit ihrem Angebot, den Gegebenheiten Rechnung zu tragen und zu Verbesserungen anzuregen.

Aus einer Befragung unter StudentInnen der Religionspädagogischen Akademie Salzburg ergibt sich ein ähnliches Bild. Die Eucharistiefähigkeit des heutigen Menschen ist nicht zufriedenstellend, bewirkt Unbehagen. Sie nennen dafür folgende Details: sinkende Beteiligung an den Gottesdiensten, wachsendes Unverständnis für Eucharistie, gelangweiltes Verhalten beim Gottesdienst, das Erscheinungsbild der

Erstkommunion als Abfertigung, mangelndes Engagement der Gemeinden im eucharistischen Leben usw.

Also ein eher sehr kritisches Ergebnis.

3.1. Positive Daten

Meine Anamnese beginne ich mit *positiven* Daten:

- Es gibt heute eine reichhaltige Sakramentenpraxis, ein vielfältiges Angebot – falls wir dieses Wort hier benützen können –, viele Gestaltungsmöglichkeiten. Das vermögen besonders diejenigen festzustellen, die die Zeit vor der konziliaren Erneuerung noch in Erinnerung haben.
- Es gibt einen reichen sakramententheologischen Ansatz. Die sakramentenrechtliche Position allein reicht nicht zum sakramentalen Verständnis und ist in den Hintergrund gedrängt.
- Im Zusammenhang mit dieser Entwicklung gibt es auch mehr reflexive Prozesse, mehr Auseinandersetzung um die Sakramente, die hineinreichen bis in das kirchliche Volk. Sakramente sind so gesehen nicht mehr das, was man nur hinzunehmen hat, was sowieso geregelt ist, das Nachdenken erübrigt.
- Das Sakrament der Eucharistie hat in seiner erneuerten Form Personen, Personengruppen mobilisiert, die früher nur die Zuschauerrolle innehatten. Die vielfältigen Aufgaben in der eucharistischen Praxis, die Vorbereitung auf die Eucharistie werden von vie-

len mitgetragen. Ja, es ist nicht vermessen zu sagen: Die heutige eucharistische Praxis wäre ohne dieses personelle Potential und ohne die Mitwirkung vieler nicht mehr denkbar.

- Gott sei Dank gibt es für jeden Christen, für jede Christin positive und tiefgehende Eucharistieerfahrungen. Liturgie macht betroffen, kann begeistern, kann mobilisieren, kann wirklich zum zentralen Erlebnis werden, weil die eucharistische Erneuerung eine bewußte und aktive Beteiligung gefördert hat.

3.2. Mängel rund um die eucharistische Praxis

Die Mängel werden thematisiert, weil sich in ihnen auch Sehnsüchte erkennen lassen. Sie sind verständlicherweise spürbarer als das Positive, fordern mehr heraus. Sie sollten nicht verharmlost oder gar verdrängt werden. Ich mache sie an einzelnen Bereichen bzw. Personengruppen, die von der Eucharistie betroffen sind, fest:

3.2.1. Kirche

Liturgie als «Werk des Volkes» verstanden ist eine Folge des durch das 2. Vatikanum so stark betonten Kirchenverständnisses (Kirche = das Volk Gottes). Damit stand das Anliegen einer aktiven Beteiligung in der Liturgie an erster Stelle. Eucharistie ist damit nicht mehr tabuisierter Sonderbereich für Wenige, sondern lädt jeden ein, mitzuleben und mitzuerleben. Die eucharistische Liturgie ist verständlicher und transparenter geworden.

Und trotzdem stellen wir fest, daß vieles Routine geworden ist und als inhaltsleer erlebt wird. Trotz der muttersprachlichen Gestaltung gibt es ein neues Unverständnis gegenüber sprachlichen Formulierungen, Redewendungen, Übersetzungen in der liturgischen Feier, Ritualen, Symbolen usw.

Die katholische Liturgie ist nach wie vor männerdominant. Das stellen wir spätestens dann fest, wenn wir in nichtkatholische Kirchen schauen, in denen für Frauen mehr Platz ist (z. B. in der evangelischen Kirche).

Mit der Volkskirche gab es eine relativ hohe Teilnahme am Gottesdienst. Mit deren Verlust sank die Beteiligung und damit auch das Verständnis für das eucharistische Geschehen. Trotz mancher Zugangserleichterung (z. B. muttersprachliche Gestaltung) ist durch die sinkende und seltenere Teilnahme manches in der Eucharistie fremder und ungewohnter geworden.

Heute erleben wir eine starke Diskussion, ob Gemeinden ohne Priester und ohne regelmäßige Feier der Eucharistie existieren können. Der Priestermangel bewirkt einen Rückgang der Anzahl von Eucharistiefeiern. Ich glaube, daß auf Dauer Wortgottesdienste oder Ähnliches den Gemeinden nicht genügen werden, um die Eucharistiefähigkeit sicherzustellen.

Die Vorstellung, daß die Eucharistie in der alleinigen Verantwortung des Priesters liegt, ist nach wie vor stark. Ich weiß genug Beispiele, daß Priester dieses Recht noch immer für sich allein beanspruchen und damit die Mitglieder der Gemeinde wiederum verstärkt in die Passivität gedrängt werden. Das aber widerspricht der Absicht einer möglichst aktiven Teilnahme am Gottesdienst.

Das Brauchtum rund um die Eucharistiefeier erscheint nicht mehr verwurzelt und wird kaum mehr in ihrem eigentlichen Sinn erlebt (z. B. eine liturgische Prozession). In Folge verzichtet man zu leicht auf solche Elemente, und sie werden deshalb kaum mehr verstanden. Das Unverständnis des Brauchtums als Ausdruck der Volksfrömmigkeit ist sicher ein Verlust für die Mitfeier der Eucharistie durch das Volk.

3.2.2. Pfarrei (als lokale Kirche)

Eucharistie, die «Höchstform» des liturgischen Lebens einer Gemeinde, wird bei weitem nicht immer als solche gestaltet und gefeiert. Manches in der Praxis erscheint lieblos, müde, gelangweilt und fad. Das Phänomen der schlafenden Gemeinde ist durchwegs noch vorhanden, und der mißmutige Zelebrant versetzt wohl kaum in eine feierliche Stimmung.

Gerade in den Gemeinden erleben wir eine Interessenverschiebung. Ein gemeindlicher Verkaufsmarkt vermag mehr Leute auf die Beine zu bringen als eine sonntägliche Eucharistiefeier. In gewisser Hinsicht braucht es so etwas wie eine Werbestrategie, die man sich auch für das eucharistische Angebot einer Gemeinde überlegen müßte.

Liturgie ist sicher durch die Liturgiereform reichhaltiger geworden. Dominiert aber nicht doch noch die Wortliturgie in der Eucharistie? Wird mit unseren Feiern wirklich der ganze Mensch angesprochen; werden nicht manche Gestaltungsformen vernachlässigt oder doch nur gnadenhalber toleriert?

Wie weit haben unsere Gottesdienste einladenden Charakter? Gibt es das persönliche Moment, gibt es die direkte Ansprache an die TeilnehmerInnen, nehmen sich die Besucher des Gottesdienstes überhaupt wahr? Und diese Praxis trifft in besonderer Weise die Kinder: Sind sie wirklich willkommen, willkommen geheißen? Ich vermisse das freundliche Grußwort am Beginn des Gottesdienstes, ebenso das gute Abschiedswort, verbunden mit Wünschen für den Tag oder eine bevorstehende Woche.

Das Kind ist in der Pfarrei nicht selten zweite Wahl. Für Kinder fällt gleichsam weniger ab. Es gibt genug Erwachsenengottesdienste, in deren Liturgie Kinder nicht vorkommen. Ich erlebe auch immer wieder Zelebranten, die unfähig sind, mit Kindern entsprechend umzugehen, mit ihnen Kontakt aufzunehmen, spontan zu reagieren. Es liegt nicht nur an den Kindern, wenn sie den Gottesdienst fad und langweilig erleben.

Wir reagieren in der Gemeinde kaum auf die «postsakramentale» Misere, die nach dem Höhepunkt des Erstempfangs von Sakramenten eintritt. Schmerzt uns das Ausbleiben der Kinder und Jugendlichen? Was setzen wir dieser Entwicklung entgegen, oder kommt es regelmäßig zur Resignation, die auf Dauer sicher nicht auszuhalten ist?

3.2.3. Familie

Sie ist nicht mehr selbstverständlich religiöser Erfahrungsort für unsere Kinder. Im Bezug auf die Sakramentenpraxis gibt es geradezu eine familiäre Schizophrenie: Kinder in sakramentaler Hochstimmung auf der einen Seite, andererseits ihre erwachsenen Eltern, die sich längst von aller sakramentalen Lebensgestaltung verabschiedet haben.

Familien haben sich vom Gemeindealltag distanziert, der regelmäßige Bezug zur Pfarrei bleibt nur den Kernschichten, wenigen Familien vorbehalten. Alltagsleben des Christen und Pfarreileben gehen immer mehr auseinander. Der sakramentale Lebensraum wird immer mehr zur Sonderwelt. Der Riß in der Glaubenspraxis reicht heute bis tief in die Familien hinein.

Die Probleme mit der Kirche, mit den kirchlichen Entscheidungen demotivieren die Familien für ein religiöses Leben, sie überschatten positive Möglichkeiten eines kirchlichen Engagements, bewirken Enttäuschung.

Es ist erwiesen, daß die durch die Familie zu leistende religiöse Sozialisation heute im Regelfall ausfällt und damit sekundäre Sozialisationsträger kompensieren müssen. Allerdings kann die Familie nie ersetzt werden.

3.2.4. Kinder

Auch bei ihnen stellen wir religiöse Defizite fest: Sie leben und erleben nicht mehr religiöse Grundvollzüge. Für sie wird religiöse und liturgische Sprache immer unbegreiflicher. Sie leben wahrscheinlich unbewußt in jener Konsumhaltung, die den Zugang zur Tiefe, zum Transzendenten erstickt. Es fehlt an Grundkräften, wie nötige Achtung, Ehrfurcht, Gesprächsbereitschaft u. ä.

Manche Erstkommunionvorbereitungsmodelle schlagen deshalb einen breiteren Ansatz vor, einen längeren Zeitraum der Vorbereitung, oder sie plädieren für einen späteren Termin des Erstkommunionempfanges.

3.2.5. Gesellschaft

Die momentanen gesellschaftlichen Trends und Befindlichkeiten können hier nicht ausführlich dargestellt werden. Kurz gesagt: Im Zusammenhang mit der Eucharistie fällt als Stütze auch das gesellschaftliche Umfeld aus.

Ich erwähne in Stichworten: die Abnahme der Eßkultur (Fertigmenüs, Fast food ...); die zunehmende Säkularisierung; den Pluralismus; den Trend zum Individualismus, der den Sinn für das Gemeinschaftliche in den Hintergrund drängt; Verlust des Zeitenwechsels (Fest und Alltag, Jahreszeiten ...); die Etablierung des «Nicht-Kirchganges» (wer in die Kirche geht, fällt bereits auf); verschiedene Familienformen; unterschiedliche Erziehungspraktiken, was den einheitlichen Zugang zur Eucharistie erschwert; die Feierunfähigkeit und die Unfähigkeit, mit Symbolen umzugehen.

4. Ein erster Ausblick

Nach dieser doch eher kritisch gehaltenen Bestandsaufnahme versuche ich gegenzusteuern. Die nicht übersehbaren Defizitphänomene entmutigen, lösen sich aber nicht mit Resignation. Das verbietet schon die entscheidende Bedeutung der Eucharistie im christlichen und kirchlichen Leben.

4.1. Aufbau und intensive Pflege von Beziehungen

Dieser Vorschlag klingt fürs erste schlagwortartig und abgenutzt. Ein durch Beziehung geprägtes Leben garantiert uns einen gewohnten Rahmen; wir fühlen uns damit verwurzelt und beheimatet, haben gleichsam ein «Dach für die Seele» (P. M. Zulehner). Beziehung schaffen geschieht für mich im bewußten Wahrnehmen, Ernstnehmen des anderen, im Respekt voreinander, im Hinhören, Annehmen, miteinander zu tun haben Wollen, sich füreinander Sorgen. Wiederum alles Schlagworte. Sie sind aber füllbar, können lebendig werden, können wichtig sein, und sie sind die unerläßliche Basis dafür, daß das eucharistische Geschehen im Menschen den rechten Platz erhält. Für das kirchliche Leben ist eine gute Beziehungskultur etwas ganz Entscheidendes. Ich glaube, daß sich in der Beziehungslosigkeit die größte Gefahr für das religiöse Leben darstellt.

Die Eucharistie: ein beziehungsstiftendes Geschehen?

Die Kirche muß mit der Eucharistie zu den Menschen gehen – eventuell heraus aus den zu sakral gewordenen Räumen; Abschiednehmen von einer Liturgie, die vom Teilnehmer nur mehr fremd erlebt wird; es braucht einen Gottesdienst für die Fernen, die «Kirchendistanzierten», für die Auswahlchristen, für die kirchlich Gescheiterten …

Unsere Sakramentenpastoral gelingt nicht ohne die Mitwirkung der Erwachsenen, die sich in der Nähe des Kindes befinden. Vom Beziehungsgeschehen her ist nicht einmal wesentlich, wie intensiv der Kontakt zu Kirche und Glaube ausfällt, sondern welchen vertrauten Raum sie für das Kind aufgebaut haben. Ihre Zugangsfähigkeit zum Kind, ihr positives Klima im alltäglichen Leben, ihr Interesse an einer lebensbewältigenden Alltagsgestaltung des Menschen sind wichtige Faktoren, daß auch das beziehungsstiftende Geschehen der Eucharistie echt erlebt werden kann. Diesen kirchlich nicht so gebundenen Menschen müssen wir Räume und Zeiten zum liturgischen Mitleben anbieten, ohne sie gleich zu belehren, zurechtzuweisen oder gar zu vereinnahmen.

Für den Kontakt zu den Kindern braucht es ein eigenes, kindgerechtes «Beziehungsrepertoire», das alle beherrschen müssen, die mit Kindern umgehen. Diese haben zum Beispiel die natürliche Neigung – außer sie sind verbildet –, Melodien nicht nur zu singen, sondern auch rhythmisch mitzugestalten; sie wollen aktiv dabei sein, nicht nur 20, 30 und noch mehr Minuten ruhig sitzen müssen.

Gestehen wir der Jugend ihren eigenen subkulturellen Lebensraum zu. Sie tun sich mitunter schwer, im gemeindlichen Feierraum Gottesdienst zu feiern, sie wollen es lieber an ihren Orten tun, auch wenn sie im ersten Moment liturgisch nicht so geeignet erscheinen.

Wirken wir auf Familien oder familiäre Erziehungsorte ein; ermutigen wir zum authentischen Umgang miteinander, in dem das Klagen und Loben, das Bitten und Danken eingeübt wird, erfahren werden kann, das Miteinandersprechen, das Feiern bis hin zum Streiten und Scheitern.

Wecken beziehungsstiftender Kräfte und Schaffen von beziehungsstiftenden Räumen und Angeboten: damit tragen wir zur Eucharistiefähigkeit des Menschen bei.

4.2. Sich auf den Weg nach Emmaus begeben

In einer anderen Art spiegelt sich für mich das eben Gesagte wieder, in der biblischen Geschichte von Emmaus (Lk 24). In ihr finden wir Einsamkeit, Unsicherheit, Ratlosigkeit, das Bemühen um das Miteinander, das Bedürfnis nach Gespräch und Gemeinschaft, Eucharistieerfahrung, die hält und Bestand hat.

Befinden wir uns mit unserem eucharistischen Bemühen nicht auch auf dem Weg nach Emmaus? Stehen wir am Beginn des Weges, sind wir erst gerade aufgebrochen, oder haben wir das Ziel schon unmittelbar vor uns? Sollten wir umkehren zum sicheren Ausgangsort? Die Frage drängt sich auf: Sind wir in die richtige oder in die falsche Richtung gegangen mit all unseren liturgischen Reformen und Bemühungen der letzten Jahrzehnte? Oder haben wir uns zu weit entfernt – vom Ort des Abendmahls? War es gut, aus Jerusalem auszuziehen? Lassen uns nicht all die Anfragen und Mängel unsicher werden?

Es überkommt uns das Gefühl der Ratlosigkeit, es umfängt uns eine traurige Stimmung. Haben wir schon das Handtuch geworfen? Haben wir die Sache eigentlich schon abgeschlossen? Sind wir geprägt von Routine und Verzweiflung?

Hilft uns die Emmausgeschichte?

Wir sollten durch sie wissen, daß wir nicht alleine sind, daß wir gemeinsam ins Ungewisse gehen, daß wir uns das Unangenehme gegenseitig mitzuteilen vermögen. Wir können klagen. Stehenbleiben und Zurückschauen sind allerdings darin nicht vorgesehen.

In der Emmausgeschichte gibt es noch einen Dritten, der sich einfach hinzugesellt. Er behebt nicht schlagartig unsere Traurigkeit, obwohl er es könnte. Er läßt klagen, er hört zu, er zieht sich nicht zurück, und er fordert nicht Rückkehr zu den vermeintlichen Fleischtöpfen oder in bessere Tage. Er drängt zum Weitergehen, zum Vorwärtsgehen. Er legt den langen, beschwerlichen Weg mit uns zurück, obwohl er bis zum Abend dauert. Er klärt auf einmal auf, indem er das Wort zu Hilfe nimmt, das Wort unseres Gottes. Plötzlich hat alles, was die beiden bewegt, dort Platz. Es bekommt Sinn und wird in einen plausiblen Zusammenhang gestellt. Das Beklagenswerte, das Aussichtslose, das Bittere ist nicht endgültig und mündet nie in das Aufgeben unseres Lebensauftrages.

Schließlich der glückliche Abschluß. Der Dritte will sich verabschieden. Seine Mission schien erfüllt – oder doch nicht? Was hat dieses Gespräch denn bewirkt, wie beziehungsstiftend muß der gemeinsame Weg gewesen sein, daß sie nicht auseinandergehen wollen. Einen so begonnenen Weg kann man nicht jäh abbrechen. Verständlich ist daher die Bitte nach dem Bleiben.

In der Vertrautheit des Mahles werden die letzten Zweifel ausgeräumt. Im Zeichen des Mahles ist er zu erkennen. Es lichtet, klärt und offenbart sich, was uns momentan bedrängt, was uns verzweifeln läßt. Das ist die Erfahrung aus dieser Geschichte.

Seit der Geschichte von Emmaus müßte klar sein, daß unser Leben immer Aussicht hat. Die Fremdheit wandelt sich zur Vertrautheit, die Frage läßt die Antwort zu, das scheinbare Nebeneinander entwickelt sich zur tiefsten Gemeinschaft und das Klagen in das Brennen des Herzens.

Anmerkungen

1 Aus: Helga Glatschnig, Blume ist Kind von Wiese, Hamburg 1993, S. 73. (Das vollständige Zitat lautet: «Die Österreichischen gehen, wenn Ostern kommt oder Weihnachten, dann ist Schulmesse. Sie messen vielleicht für ihre Gott. Sie tun wie wir in der Moschee ein bißchen. Aber für Messe läutet Glocke. Bei unsere singt Muezzin, aber nur in der Türkei. Messe ist gut für dann, wenn du tot bist.»)
2 Vgl.: Vom Untertan zum Freiheitskünstler, Wien 1991.
3 Vgl. K. Koch, Gottlosigkeit oder Vergötterung der Welt? (Zürich 1992) 151.
4 Liturgiekonstitution, Nr. 2.

KARL-HEINZ KRITZER

Sakramental erziehen am Beispiel der Eucharistie

1. Vorbemerkungen

Konkurrenz tut gut, wenn sie nicht in Streit ausartet. Sie dient der eigenen Profilierung, der Standortbestimmung und dem Bemühen um eine ehrliche Koordination.

Innerhalb theologischer Fachdisziplinen gibt es ein solches konkurrierendes Verhalten. Es gibt gegenseitige Anfragen, mitunter kritische Feststellungen zum Gegenüber, manchesmal Vorwürfe. So bemängelt der liturgische Fachbereich eventuell das fehlende Verständnis für liturgische Vorgänge, und die Religionspädagogik andererseits erhebt den Vorwurf, daß die Liturgie zuwenig alters- und lebensgerecht geformt ist.

Trotz aller Diskrepanzen vermag man sich bei unserem Thema sicherlich auf genug Berührungspunkte zu einigen, auf die Wichtigkeit einer Zusammenarbeit zu besinnen, die von beiden Seiten in den Dienst der Sache und des Menschen gestellt werden kann.

1.1. Von der Liturgie her wissen wir um wichtige «Ortsangaben» zur Eucharistie. Sie ist:

- ein Ort der Christusbegegnung
- ein Ort der Kirchenerfahrung
- ein Ort für die biblische Botschaft
- ein Ort des vielfältigen Gebetes
- ein Ort des heiligen Spiels
- ein Ort der Musik, des Liedes
- ein Ort für das Symbol.

Die Religionspädagogik steuert mit ihren Möglichkeiten bedeutsame Erfahrungen bei: den Zugang zu biblischen Texten, die Gebetserziehung, spielpädagogische Übungen, musikerzieherische Elemente, die Symboldidaktik usw. Von der zeitlichen Anlage geht der religionspädagogische Teil sicher dem eigentlichen liturgischen Erleben voraus, ist also propädeutisch, aber für ein echtes liturgisches Erleben unabdingbar nötig.

1.2. Philipp Harnoncourt macht die Religionspädagogen darauf aufmerksam, daß sie sich nicht zu schnell in Rezepte, Modelle oder Gestaltungsbeispiele flüchten sollten. Sie wären einmal gut beraten, sich die «Sache» der Eucharistie vor Augen zu halten, sich deren Grundstrukturen, der Binnenstrukturen klarzuwerden. So würde die durch die Eucharistie verbürgte neue Gesellschaftsordnung (nach Gal 3,28) ein endgültiges Trennen in Kinder- oder Jugendgottesdienste verbieten.[1]

2. Die «innere pädagogische Wirksamkeit» der Eucharistie

Davon spricht die Liturgiekonstition des 2. Vatikanums (Art. 33). Den Nachweis versuche ich mit zwei postkonziliaren liturgischen Dokumenten: dem Direktorium der Kindermessen und dem Ordo Missae.

2.1. Das Direktorium für Kindermessen – ein vernachlässigtes Dokument

Wiederholt stelle ich fest, daß dieses Dokument[2] viel zu wenig beachtet und in Gebrauch genommen wird. Nützten wir es, hätten wir eine bunte, vielfältige, kindorientierte Liturgie, die sicher zu einer verantwortbaren Eucharistiefähigkeit beiträgt.

Einige Hinweise aus diesem Dokument:

- Zielgruppe der Vorschläge sind die Kinder bis zum Pubertätsalter.
- Die Kinderliturgie muß aktive Mitfeiermöglichkeiten für Kinder vorsehen. Wissen und theoretisches Verständnis reichen nicht aus und sind nicht primär wichtig.
- Kinder müssen angesprochen werden – dürfen also in der Liturgie nicht übergangen werden.
- Es braucht eine Anpassung der liturgischen Gestaltung an das Alter des Kindes.

- Es sind notwendige Voraussetzungen zu leisten, damit der Kern der Liturgie vom Kind besser begriffen werden kann.
- Kinder sollen in wichtige Grundvorgänge, wie aufeinander hören, danken, bitten, Fähigkeit zum Feiern, vergeben können u. a. eingeübt werden.
- Es gibt verschiedene liturgische Feiern, nicht nur den klassischen Kindergottesdienst: kleine Wortgottesdienste, Feiern der Stille, Brauchtumsfeiern ..., die geeignet sind, das eigentliche eucharistische Feiern vorzubereiten.
- Es werden ausdrücklich das aktive Teilnehmen und das körperliche Tun immer wieder erwähnt. Man kann auch sagen: Es wird in den verschiedenen methodischen Gestaltungsvorschlägen besonderer Wert auf ganzheitliche Gestaltungsformen gelegt.

2.2. Der Ordo Missae

Mit der Berücksichtigung dieses liturgischen Grunddokumentes betone ich noch einmal die Notwendigkeit einer «sachgerechten» Methode. Der «Lerngegenstand» selbst beinhaltet pädagogische Möglichkeiten, und sie sind notwendigerweise zuerst zu sehen.

2.2.1. *Die Grundstruktur der Messe*

Die Messe gliedert sich in folgende Teile:

Eröffnung
  Wortgottesdienst
  Eucharistiefeier
Abschluß

Allein der Blick darauf zeigt, daß die einzelnen Teile unterschiedlich gewichtet sind und daß zum Beispiel der Eröffnungsteil der Messe hinführenden Charakter haben muß. Wir erleben aber, daß mitunter in den Eröffnungsteil zuviel an gestalterischen Elementen investiert wird und andere, eigentlich wichtigere Teile zu kurz kommen. Das gleiche gilt für den Abschluß des Gottesdienstes. Das Hauptgewicht sollte auf den Wortgottesdienst und die eigentliche Eucharistiefeier gelegt werden.

2.2.2. *Einzelne Teile der Messe*

Eröffnung:
Das Versammeln zum Gottesdienst kann auf unterschiedliche Weise erfolgen: durch persönliche Einladungsformen, Abholen der Gottesdienstteilnehmer an der Kirchentür, ein alle verbindendes Lied zu Beginn, eine attraktive Gestaltung des Raumes, Bereitstellung von Unterlagen für Gebet und Gesang, Ruhe verschaffen usw.

Wortgottesdienst:
Das Wort Gottes ist unverzichtbares Angebot in der Liturgie und verlangt immer eine Antwort. Erzieherisch können hier verschiedene Formen der menschlichen Antwort eingeübt werden: das bewußte «Dank sei Gott», das (Zwischengesangs-)Lied, das Gebet, das Bekenntnis usw. Außerdem sollte bedacht werden, daß die Anzahl der biblischen Lesungen reduziert werden kann und daß kindergerechte Texte verwendet werden dürfen (vgl. Kinderlektionar).

Erlaubt sind auch methodische Hinführungen zu Texten (einführende Gedanken, Vereinfachungen). Es gilt allerdings festzuhalten, daß der Originaltext der biblischen Perikope höchsten Wert hat und dessen Verwendung angeregt werden soll. Gutgemeinte Erzählungen oder Paraphrasierungen des Textes ersetzen ihn nicht.

Eucharistiefeier:
Intensive methodische Überlegungen sind notwendig, damit dieser Teil in seiner Gestaltung gegenüber dem Wortgottesdienst nicht abfällt.

Für eine besondere Gestaltung eignet sich die Gabenbereitung. Dabei sollte man sich allerdings bewußt sein, daß auch sie eigentlich nur vorbereitenden Charakter besitzt, also nicht überbetont werden darf (Kinder werden tätig bei der Altarbereitung, Gabenbereitstellung usw.).

Schwieriger ist es schon, den Hochgebetsteil besonders zu formen. Es bietet sich aber sicherlich an, die Präfation, das Dankgebet zu Beginn («In Wahrheit ist es würdig und recht ...»), weiter dialogisch zu gestalten; den Teilnehmenden an der Eucharistie würde damit Gelegenheit gegeben, ihren Dank auszusprechen oder/und mit gemeinsamen Akklamationen den Text aufzulockern bzw. mit diesen Unterbrechungen zur Besinnung anzuregen. Auf gleiche Weise läßt sich das große Gebet nach dem Sanktus gestalten.

Wenn die Gruppe der Teilnehmenden es erlaubt, kann man sich für diesen Teil um den Altar versammeln. An dieser Stelle sei ausdrücklich auf die Kinderkanones hingewiesen.

Das «Vater unser» kann in verschiedenen Formen und Gebetshaltungen gesprochen oder gesungen werden.

Da der gesamte Teil der Eucharistiefeier an sich recht handlungsarm ist, läßt er sich gut mit Gesten und Gebärden bereichern (z. B. getanztes «Vater unser», Erheben der Hände).

Wert legen sollte man sicherlich auf eine bewußte Durchführung des Friedensgrußes; dafür ist genügend Zeit einzuräumen.

Bedauerlicherweise geht der daran anschließende Ritus des Brotbrechens meistens ziemlich unter. Er sollte ausdrücklicher gestaltet werden. Diese Symbolhandlung besitzt einen wichtigen Inhalt (Hinweis auf die eucharistische Gemeinschaft und auf den Tod Jesu; Bezeichnung für die gesamte Eucharistiefeier).

Abschluß:
Hier sind Elemente vorgesehen, welche die Liturgie zusammenfassen (zum Beispiel das Schlußgebet). Wichtig ist meiner Ansicht nach eine persönliche Verabschiedung, das Mitgeben von guten Wünschen usw. Mir scheint, daß der liturgische Ablauf dieses Teils sehr leicht zur Routine verleitet und daß diese Elemente unpersönlich werden können und zu schnell abgewickelt werden.

3. Eucharistiebezogene Lern- und Erfahrungswege

Der eingeschlagene Weg soll beibehalten werden. Die Eucharistie verweist immer wieder auf spezifische methodische Möglichkeiten. Wenn in ihr Gebete, biblische Texte, Symbole und Lieder verwendet werden, sind dazu auch gute vorbereitende und einübende Schritte nötig. Solche können von der Religionspädagogik bereitgestellt werden.

Diese Methoden werden im folgenden vorgestellt. Dabei bin ich mir bewußt, daß in diesem Rahmen nur ganz knapp auf sie hingewiesen werden kann. Alle, die sich für die Eucharistieerziehung verwenden, müßten immer wieder auf solche Lernmöglichkeiten zurückgreifen, immer darin arbeiten und regelmäßig Erfahrungen sammeln.

3.1. Umgang mit der Bibel

In der eucharistischen Liturgie hat mit der Liturgiereform das biblische Wort einen hohen Stellenwert erhalten. Allerdings verführt der regelmäßige Gebrauch im Gottesdienst zur Abstumpfung. Die Bibel kommt dann im Grunde in Vergessenheit, denn wegen der Gewöhnung an sie wird sie nicht immer bewußt wahrgenommen und eingesetzt. Ein gutes Einbringen der Perikopen, persönlich formulierte Einleitungen, gelungene Interpretationen der biblischen Texte sowie das wiederholte Aufgreifen ihrer Kerngedanken im Verlauf des Gottesdienstes sind wichtige Möglichkeiten gegen diesen Trend.

Die Bedeutung der Bibel im Gottesdienst kann durch symbolische Praktiken besonders betont werden, z. B. durch die Evangelienprozession, durch eine schöne und würdevolle gesangliche Gestaltung (es gibt hier mehr als nur die geläufigen liturgischen Melodien), durch einen besonderen Standort des Perikopenbuches im Altarraum, durch biblisch orientierte Predigten usw.

Wenn die Katecheten und Katechetinnen die Bibel immer wieder in ihre Arbeit mit Kindern und Jugendlichen mit einbeziehen – als Quelle, als Arbeitsmaterial, als Glaubensdokument, als Anstoß, als Ort der Glaubensauseinandersetzung –, helfen sie mit, den biblischen Schatz zu heben und zu verstärken.

3.2. Eucharistie – ein Ort des Gebetes

Die Eucharistie stellt so etwas wie eine Gebetsschule zur Verfügung. Die Vielfalt von Gebetsformen im Gottesdienst bestätigt das. Es gibt das Wechselgebet, Kurzgebete, den Lobpreis, das allgemeine Fürbittgebet, das Bekenntnis, das Bußgebet, das stille Gebet, die Möglichkeit zum persönlichen Gebet sowie zu freien Gebetsformulierungen, das gesungene Gebet usw.

Im Gebrauch dieser eucharistischen Gebete gewinnen wir Gebetserfahrungen. Sicher können sie intensiver gestaltet werden, beispielsweise durch verschiedene Formen der Fürbittgebete, die «Vater unser»-Gestaltung, den Einbezug der Gestik, den Einbezug von Symbolhandlungen, verschiedene Gebetshaltungen, das Kreuzzeichen. Augenmerk sollte auf eine gute sprachliche Gestaltung gelegt werden, auf klare Antwortformen, auf einen guten Vortrag.

Innerhalb der Eucharistiefeier ist der Stille wieder mehr Platz zu schenken. Die Zeit nach dem Einsetzungsbericht bietet sich dafür an; ebenso ist sie während der Kommunion, nach den Lesungen, bei der Gabenbereitung und nach der Predigt möglich. Sicher muß der Umgang mit der Stille gelernt werden. Sie darf nicht als Zwang, als Belastung erlebt werden. Auf jeden Fall wehren wir damit die Hektik, das ständige Eingespanntsein und die Dauerbeschäftigung ab, und letztlich kommen wir damit einem hohen Bedürfnis des heutigen Menschen nach, der selten Orte und Zeiten der Stille zur Verfügung hat.

Der klassische Vorgang einer Stilleübung beinhaltet folgende Schritte:

- Einladen zur Stille (nicht verordnen), eventuell mit Konzentrationshilfen (stiller Blick auf ein Bild, Hinhören auf ein Musikstück, ... der Anleitende muß ebenfalls die Stille ausstrahlen können)
- Bereitschaft wecken (z. B. der biblische Text hat uns angesprochen, er hat uns persönlich etwas zu sagen, gehen wir dem noch etwas nach, verweilen wir ein wenig)
- Bei sich ankommen (Ich bin nur für mich da, ich habe Zeit für mich)
- Stille erleben können, auskosten, die Ruhe genießen, das Abschalten und Ausblenden von Unwichtigem
- Sich mitteilen (wenn das Bedürfnis da ist und die Möglichkeit gegeben ist)
- Aus dem Erleben der Stille ruhig herausgehen (ausklingen lassen).[3]

3.3. Der Einsatz der Sinne

Unsere katholische Liturgie ist nicht so angelegt, daß sie nur rationale Fähigkeiten anspricht. Sie bezieht den ganzen Menschen ein, und so kann mit Recht behauptet werden, daß es zur Mitfeier mehr als Wissen und einen bestimmten Grad an Bildung braucht. Demnach haben alle Menschen das Recht, an der Eucharistiefeier teilzunehmen, wobei es dabei sicher graduelle Unterschiede gibt. Der «sinnliche» Weg liegt Kindern näher, verhilft ihnen zum besseren Eucharistieverständnis. Arbeiten wir gegen die Kopflastigkeit unserer Gottesdienste! Die Sinneserfahrung muß mehr Raum erhalten und wieder höher bewertet werden.

Sinnbezogene Schritte, die für die Eucharistiefeier fruchtbar sind, wären: das gute und angenehm empfundene Hören, das Schauen, das Sprechen, das Tun, die körperliche Bewegung. Religionspädagogisch ist geboten, alle Möglichkeiten und Mittel zur Kultivierung der Sinne einzusetzen. Zu heutigen Praktiken, wie das ausschließlich zerstörerische und laute Hören, das an sich raffende Schauen (Videowelt), das oberflächliche Sprechen usw., wird damit ein Gegengewicht gesetzt. Die Eucharistiefeier kann zu einer äußerst notwendigen und guten Sinneskultur hinführen.

3.4. Die Öffnung für das eucharistische Spiel

Liturgie hat immer mit dem Spiel zu tun. Dabei kann dieses Spiel ein Personendrama oder ein Symboldrama sein. Die Eucharistie ist ein nachvollziehendes

Spiel sowohl vom Letzten Abendmahl als auch von Tod und Auferstehung Jesu.

Als Personendrama vollziehen wir das Spiel vom Letzten Abendmahl: Einer nimmt Platz am Tisch wie Jesus, die anderen versammeln sich mit ihm um den Tisch wie seine Jünger, und wir alle tun dasselbe, was Jesus und seine Jünger getan haben, entsprechend der Aufforderung Jesu beim Abendmahl: «Tut dies!» In diesem Personendrama ist nun das zweite Drama, die Symbolhandlung von Tod und Auferstehung Jesu, eingeschlossen: Die Gestalten von Brot und Wein stellen seinen geopferten Leib und sein vergossenes Blut dar, zugleich aber auch den lebendigen und lebensspendenden Herrn.[4]

Der heutige Religionspädagoge kann dieser Vorstellung des Liturgiewissenschaftlers gut folgen. Dem Spiel ist in der Eucharistie der nötige Platz zu geben. Wem fällt nicht das Spielen mit Figuren und Handpuppen ein, das in der Montessoripädagogik vorgeschlagen wird, um den Sinn von biblischen Texten zu begreifen («Präsentation»). Mit dem Spiel wird etwas re-präsentiert, anwesend, lebendig, gegenwärtig gemacht. Das Spiel repräsentiert Wirklichkeit, macht gleichsam wirklich.

Ernstnehmen sollten wir in diesem Zusammenhang den kritischen Hinweis des genannten Liturgiewissenschaftlers, daß dieses eucharistische Spiel nicht zu sehr durch andere Spielelemente oder durch zu starkes Spielen in anderen Teilen (z. B. im Wortgottesdienst) überlagert werden darf. Andererseits sollte uns das «heilige Spiel» der Eucharistie ermutigen, dem Spielerischen mehr Platz einzuräumen. Es dient nicht der Unterhaltung und dem Zeitvertreib, sondern letztlich der Vertiefung und dem echten Erleben des eucharistischen Geschehens.

Möglichkeiten für das Spielerische sehe ich in der Mitbeteiligung, im Einbezogenwerden, um gleichsam Mitakteur zu sein. So können beispielsweise die Teilnehmenden zum Gottesdienst mit einziehen, sich an Prozessionen beteiligen, den Altar gestalten (im Rahmen der Gabenbereitung), etwas Musikalisches beitragen, sich um einen guten sprachlichen Ausdruck bemühen, Haltungen von Körper und Hand bewußt einsetzen oder bei Akklamationen «chorische» Antworten geben. Das heilige Spiel braucht gute «Zuschaumöglichkeiten». Nicht dienlich sind große Entfernungen zwischen Altar und Teilnehmenden, ein schlecht plazierter und überfüllter Altar bis hin zu der vielerorts üblichen Praxis, sich während des Gottesdienstes in den hinteren Bankreihen aufzuhalten.

3.5. Eucharistie als Feier

Sind unsere Eucharistiefeiern wirklich so, daß uns dabei zum Feiern zumute ist? Oder sind sie nicht auch geprägt vom erbärmlichen und gequälten Gesang ungeläufiger Gemeindelieder? Feierliche Stimmung kann man sicherlich nicht verordnen, und wenn jemand nicht will, nützt das beste Angebot nichts. Der heilige Athanasius mahnt allerdings ein: «Die Auferstehung Jesu macht das Leben des Menschen zum ununterbrochenen Fest.» Hoffentlich können möglichst viele Christen diese Erfahrung gewinnen.

Es bedarf einer hohen Anstrengung, damit das Festliche sichtbar wird. Die Feierstimmung hängt von der persönlichen Betroffenheit des einzelnen ab. Notwendig ist ein wirklich gemeinschaftlicher Rahmen, der mehr ist als die nur physische Zusammenkunft von Gottesdienstbesuchern. Ein Fest muß Beziehung schaffen.[5] Die Mythe der Eskimos («Wie das Fest zu den Menschen kam») macht uns aufmerksam, daß es an unserem eher beziehungslosen Verhalten liegen kann, wenn die Feier nicht gelingt, und daß deshalb das Begehen der Feste immer wieder neu gelernt werden muß.

Der religionspädagogische Beitrag besteht im Aufbau einer Festkultur und im bewußten Umgang – immer wieder einübend – mit Elementen einer Feier: im überlegten Gebrauch des Wortes, im Einbauen des Spiels, in der festlichen Gestaltung des Feierraumes (Schmuck, äußere Gestaltung des Raumes und es Altares bis hin zur festlichen Kleidung), im Einsatz von Lied und Musik. In der katechetischen Arbeit sollen immer wieder Feste vorkommen, festliche Schritte eine Rolle spielen.

3.6. Eucharistie und Musik

An liturgischer Musik ist uns einiges abhanden gekommen. In anderen Konfessionen und Religionen finden wir eine reichhaltigere und lebendigere musikalische Praxis (etwa die ganz gesungene Liturgie). Sicher gibt es eine gesanglich gestaltete Liturgie und eine vielfältige, hohe musikalische Kunst auch in der katholischen Kirche. Mitunter sind aber Qualität und Gestaltungsniveau dürftig, und nicht selten fehlt bei der Eucharistie das tiefere Verständnis für die musikalische Gestaltungsform (beispielsweise für die Bedeutung des gesungenen Halleluja nach der Lesung).

Wird Musik als religiöse Äußerung, als Versuch, den Glauben auszudrücken und intensiver zu feiern, wirklich ernst genommen, oder ist sie nur schmuckes Beiwerk? Was investieren wir wirklich in die Gesangskultur unseres Kirchenvolkes? Wie ernst sind die Kirchenmusiker genommen: Repräsentieren sie lediglich ihre Kunst, oder sind sie in das eucharistische Geschehen integriert? Welche Liedmaterialien kommen zum Einsatz? In Österreich beispielsweise stehen die beiden seit vielen Jahrzehnten gängigen «Deutschen Singmessen» so hoch im Kurs, daß manche Gemeinde nichts anderes singen kann (also ein vom Umfang her sehr bescheidenes Repertoire). Was hat in der Musik des Gottesdienstes Platz: nur die alten Kirchenlieder, nur die Kinderlieder, nur die jugendlichen Gesänge, nur die Chormusik?

Aus musikpädagogischer Sicht möchte ich einige Überlegungen anführen:

- Eine musikalisch und inhaltlich begründete Auswahl von Gesängen ist nötig.
- Manche Kirchenlieder (in offiziellen Gesangbüchern) sind für den Gemeindegesang nicht verwendbar (musikalisch fremd, inhaltlich schwer).
- Die Verwendung von guten Kinderliedern ist sicherlich nicht abwegig; sie können auch von Erwachsenen gesungen werden.
- Innerhalb einer Feier kann man Lieder wiederholen (Teile davon, einen guten Refrain). Damit läßt sich beispielsweise ein Kerngedanke des Gottesdienstes herausstellen.
- Fertige Kindermessen, wie sie angeboten werden, müssen immer adaptierfähig bleiben (müssen also auf jeden Fall auf die konkrete Situation anwendbar und mitunter veränderbar sein).
- Die vielfältigen musikalischen Möglichkeiten im Gemeindegottesdienst sind auszunützen. Es darf also keine einseitigen Bevorzugungen (beispielsweise nur Psalmengesänge oder nur Jugendlieder) geben.
- Warum hören wir im Gottesdienst nicht mehr Musik (Chance für kirchliche Gesangsgruppen, aber auch Einsatz von Musikproduktionen)?[6]

3.5. Eucharistie und Gemeinschaft

Ein wesentliches Kennzeichen der erneuerten katholischen Liturgie ist deren Gemeinschaftscharakter. An ihm wird sichtbar, daß sie und allen voran die Sakramente Sache der Kirche, des Volkes Gottes sind. In der Eucharistie als zentralem Ort des kirchlichen Lebens gilt eine neue Gesellschaftsordnung (vgl. Gal 3). Unterschiede zählen nicht, niemand ist von der Feier ausgeschlossen, es gibt keinerlei personelle Einschränkungen.

In Folge muß auf ein hohes kirchliches Gemeinschaftsbewußtsein hingearbeitet werden. Elementare gemeinschaftsbildende Vorgänge sind immer wieder bewußtzumachen: einander bedingungslos Annehmen, sich versöhnen Können, miteinander Teilen, Brotbrechen, Danken, sich füreinander zur Verfügung Stellen (Opfer) usw. Die in der Schweiz initiierte und bekannte Methode der «Kräfteschulung» leistet dazu einen wichtigen Beitrag.

3.8. Eucharistie, ein Symbol-Geschehen

Das Symbol hat in der Eucharistie seinen legitimen Platz. Jesus selbst bezieht es in sein Wirken immer wieder ein.

Die Bedeutung der Symboldidaktik ist bereits erkannt, und ich weiß von vielen katechetischen Bemühungen, sie nahezubringen. Schwerpunkte sind für diesen Weg: ein gewisses Verständnis des Symbols, das sicher in erster Linie im regelmäßigen Umgang erworben werden kann; der bewußte Einbezug von Symbolen in Feiern, im Unterricht und in der Katechese. Es gibt ein fast unüberschaubar gewordenes Angebot an Fachliteratur.

Symbolübungen mit dem Brot (Brot herstellen, Brot teilen, mit Brot feiern ...) haben in der Eucharistieerziehung schon Tradition. Beachten sollten wir den ganzen Reichtum an Symbolhandlungen (z. B. Heben der Hände beim Gebet, das Brotbrechen), an Wortsymbolen (Symbolworte wie: Dank sei Gott, der Friede sei mit euch), an Gegenstandssymbolen (Kelch, Perikopenbuch, Kleidung des Zelebranten).

Die Symbolkraft der Eucharistie verdichtet sich gleichsam noch dadurch, daß sie ein Ort der Offenbarung Gottes, ein Ort seiner Anwesenheit ist. Die Eucharistie als Ganzes ist Symbol für den immer wieder in unserer Glaubensgemeinschaft ankommenden Gott. Über das Symbol kann ihm begegnet werden, kann er dem Menschen nahekommen.

4. Hinführung zur Ersten Kommunion

Wenn es um die Frage der Eucharistiefähigkeit des heutigen Menschen bzw. des Kindes geht, muß wohl die Praxis der Ersteinführung im Rahmen der Erstkommunionvorbereitung eigens thematisiert werden.

Einige neue Überlegungen werden in den folgenden Thesen zum Ausdruck gebracht.

4.1. Die Bemühungen um eine gute Hilfestellung für in der Vorbereitung der Erstkommunion stehende Personen sind zahlreich und haben sich gut entwickelt. Die schriftlichen Materialien dafür sind so angewachsen, daß es sich einmal lohnen würde, sie wissenschaftlich zu bearbeiten bzw. zu dokumentieren. Das ständige Bemühen um Neuerungen und Verbesserungen ist unverkennbar. Es sind durchwegs realitätsechte und adressatengerechte Unterlagen vorhanden.

4.2. Angesichts der religiösen Entwicklung der Gesellschaft und der religiösen Verfaßtheit des einzelnen stellt sich für mich schon die Frage, ob ein einheitlich altersfixierter Erstsakramentenempfang noch weiter aufrecht zu erhalten ist, ob nicht eher für einen stärker individuumbezogenen Terminplan votiert werden sollte. Für jedes Kind würde der Erstempfangstermin eigens überlegt und festgesetzt werden, was natürlich auch Auswirkungen hinsichtlich der Entscheidungskompetenz und der Vorbereitungsform mit sich brächte. Demnach müßten die ersten Erziehungsberechtigten in die Entscheidung miteinbezogen werden, und mitunter könnte ein Teil der Vorbereitung im familiären Raum geschehen.

4.3. Bei einer solchen Entwicklung wäre die Rolle der Erziehungsberechtigten bzw. der Eltern sicher aufgewertet und im Gesamtgeschehen deren Mitwirkung stärker vorzusehen, auch wenn sie diese Verantwortung unterschiedlich stark wahrzunehmen vermögen. Ich stehe auf dem Standpunkt, daß wir die Eltern einmal nicht aus dieser Zuständigkeit entlassen sollten. Damit wird auch ihre Verantwortung ernster eingeschätzt und wahrscheinlich die Bereitschaft, sich inhaltlich stärker einzulassen, gefördert. Für die Zukunft heißt das nach meiner Überzeugung: Nicht das Erreichen des Alters allein ist Grund für die Zulassung eines Kindes zur Eucharistie.

4.4. Da in Schulklassen die religiöse und konfessionelle Homogenität immer weniger gegeben ist, wird eine klassenweise Hinführung zur Eucharistie immer problematischer. Meines Wissens ist auch die Anregung von Papst Pius X. zur Frühkommunion (zu Beginn unseres Jahrhunderts) in diese Richtung zu verstehen, daß der individuellen Bereitschaft des Kindes damit mehr Rechnung getragen werden kann.

4.5. Sakramentale Vorbereitungskurse müssen im Konzept auch eine pastorale Begleitung für die Erziehungsberechtigten mitbeinhalten. Wir wissen heute vom Ausfall der religiösen Sozialisation, und es ist uns bekannt, daß eine sakramentale Praxis von Kindern und Jugendlichen gerade von der unmittelbaren Umgebung begleitet werden muß. Ich vertrete das deshalb, weil ich Eltern durchwegs als motiviert zur Mitwirkung erlebt habe, wenn es um ihr Kind geht.

Sicher erwarten sie auch eine adäquate Hilfestellung. Wir sollten Zwangsbeglückungen und überfallartige Programme, die mitunter erpresserischen Anstrich bekommen können, für die Erziehungsberechtigten vermeiden. Es braucht ein sensibles Vorgehen. Ich vertrete die Ansicht, daß mit dem Sakramentenempfang des eigenen Kindes Eltern wiederum intensiver angesprochen werden können.

4.6. Wir sollten nicht unbedingt an einem einzigen Erstkommunionfest der Gemeinde im Jahr festhalten, an dem alle Kinder einer Pfarrei versorgt werden. Sind unsere Gemeinden für derartig ausgerichtete Feste noch geeignet, oder empfinden sie das Ganze nur als Angelegenheit einer speziellen Gruppe? Diese gemeinsamen Feste sind ob der unterschiedlichen Voraussetzungen zur Zerreißprobe geworden. Es gibt Vorschläge in die Richtung, daß der Erstempfang eher familiär gestaltet werden sollte. Einzelne Familien entscheiden für sich oder mit einigen wenigen anderen Familien gemeinsam über einen Erstkommuniontermin ihres Kindes, der relativ unaufwendig an einem Sonntag im Rahmen der Gemeindeliturgie Platz haben kann. Die Gemeinde stellt den sonntäglichen Rahmen zur Verfügung und nimmt am familiären Fest teil, soweit es in den Gemeindebereich hereinreicht.

4.7. Sind unsere Gemeinden noch erstkommunionfähig? Das sage ich deshalb, weil sich die Gemeinden nicht in dem Sinn absetzen dürfen, daß die Erstkommunion der Pfarrei nur die Sache des Seelsorgers, der Tischmütter, der vorbereitenden Personen sein darf, sondern sehr wohl zum liturgischen und religiösen Leben der Gemeinde dazu gehört.

Kinder und Jugendliche sind Mitglieder der Gemeinde, das muß diese ihnen auch bewußtmachen. Das geschieht dadurch, daß sie sich für sie verantwortlich weiß, an deren Einführung in die Sakramente mitwirkt und den Kindern gegenüber das sichtbar zum Ausdruck bringt.

4.8. Und ein letzter Gedanke: Die Klage ist laut, daß nach dem Höhepunkt des Erstempfangs die sakramentale Praxis nachläßt oder womöglich schnell aufgegeben wird. Unter Religionspädagogen, aber hoffentlich auch in der gesamten Pastoral werden postsakramentale Begleitungen überlegt, diskutiert und Hilfestellungen angeboten. Hier gilt, daß dieses Defizit nicht ohne gesamtpastorale Konzepte bewältigt werden kann. Es kann nicht erwartet werden, daß man Kinder und Jugendliche in die Kirche bringt, wenn die Gemeinde sich hier nicht beispielhaft verhält. Es ist aus diesem Grund sehr wohl die allgemeine Sakramentenmüdigkeit in den Gemeinden mit zu bedenken.

Abschließend zu diesem Punkt: Die erneuerten Hinführungsformen zu den Sakramenten beinhalten Hoffnung, sie dürfen allerdings nicht zu Erstarrungen führen. Eucharistie und eigentlich alle Sakramente sind in Bewegung geraten, wohl deshalb, weil sie in der Kirche, unter Christen einen größeren Stellenwert erhalten haben, weil sie viel mehr ins Leben des Christen gestellt wurden, weil sie letztlich in die Hand und Verantwortung der Christen gelegt wurden. Damit verbunden ist logischerweise mehr Herausforderung, mehr Reflexion und mehr Auseinandersetzung, mehr Anfrage und auch mehr Kritik, was aber sicher für die Zukunft gut genützt werden kann.

Wenn einmal vom «Patienten» Eucharistie gesprochen wurde, dann kann nicht gemeint sein, daß die Eucharistie krank ist, sondern daß das Umfeld sich entwickeln muß, die Beteiligten immer neu herangeführt werden müssen, daß die Gestaltung den Kriterien der Echtheit, der Glaubwürdigkeit, der Lebensnähe und der Zeit gerecht werden muß. Ein sicheres Indiz dafür ist für mich, wie man in Zukunft die Erstkommunionfeiern begehen wird.

Ein Schlußgedanke

Der Ausspruch eines Kindes stand am Beginn meiner Beiträge. Das Hinhören auf die Hauptbetroffenen rentiert sich und wirkt sich auf die Eucharistiefähigkeit der jungen Generation und des heutigen Menschen positiv aus. Was sie rund um die Eucharistie empfinden, darf nicht egal sein. Vernehmen wir ihre

Signale, die sie im Wort und im Verhalten ausdrücken! Damit wären wir sicher auf einem guten Weg.

Die Eucharistie selbst hat viele Ressourcen, die religionspädagogisch genützt werden können. Uns das bewußtzumachen war wohl eine meiner wichtigsten Absichten.

Es gibt viele Hoffnungsbilder zu diesem Sakrament. Das biblische Bild vom himmlischen Hochzeitsmahl ermutigt. Mit unserem ehrlichen Bemühen darf erwartet werden, daß uns trotz mancher Hindernisse dieses Sakrament zu einem Fest versammeln kann, das uns trägt und bestärkt.

Anmerkungen

1 Vgl. dazu P. Harnoncourt: Grundstrukturen gottesdienstlichen Feierns, in Gerhard A. Rummel: Kinder- und Familiengottesdienst, München 1981.
2 Vgl. Gottesdienst mit Kindern, München–Trier 1988.
3 Vgl. dazu Gerda und Rüdiger Maschwitz, Stille-Übungen mit Kindern, München 1993.
4 Vgl. Philipp Harnoncourt, a. a. O. (vgl. Anm. 1), S. 27.
5 Vgl. dazu Josef Pieper, Zustimmung zur Welt, München 1963, S. 52.
6 Ein empfehlenswertes Buch zu diesem Thema: Die Messe, hrsg. von Harald Schützeichel, Düsseldorf 1991.

Die Autoren

JOACHIM MÜLLER

Religionslehrer in Heerbrugg (St. Gallen), Präsident der Schweizerischen Katechetenvereinigung

KURT KOCH

Seit Anfang 1996 Bischof von Basel, zuvor Professor für Dogmatik und Liturgie in Luzern

KARL-HEINZ KRITZER

Leiter des Religionspädagogischen Instituts Salzburg

ADRIAN SCHENKER

Professor für Altes Testament an der Universität Freiburg Schweiz

VRENI MERZ (HRSG.)

Alter Gott für neue Kinder?

Das traditionelle Gottesbild und die nachwachsende Generation

224 Seiten mit 8 Seiten Farbbildern, broschiert
ISBN 3-7228-0335-7

Die Weitergabe des Glaubens an die nachfolgende Generation kann nicht mehr so erfolgen wie früher. Doch für heute fehlen überzeugende Konzepte. Das gilt besonders für die grundlegende Frage nach Gott. Religionslehrer und -lehrerinnen, Eltern und Seelsorger sind häufig hilflos und müssen sich neu orientieren. Dabei ist das Thema für die Jugendlichen von ungebrochener Bedeutung.

Diesem drängenden Problem stellen sich die Autorinnen und Autoren des vorliegenden Bandes. Sie zeigen, daß junge Menschen meist sehr selbständige und oft überraschende Vorstellungen von Gott haben. Diese gilt es in der religiösen Erziehung sensibel wahrzunehmen und zu fördern. Wie die Erwachsenen, so haben auch die Jungen ein Recht auf ihr eigenes Bild von Gott. Dafür plädiert dieser Band.

Erschienen im Paulusverlag Freiburg Schweiz